● ● ● この問題集のねらいと使い方 ● ● ●

この問題集のねらい

　教室で生徒さんに「いつ頃から中学校の英語が苦手になったの？」と質問をすると，10人中9人ぐらいが，「3単現（3人称単数現在）のあたりから」と答えます。

　英語は階段をひとつひとつ上がっていく科目です。ひとつ階段を踏みはずすとつまずきが大きくなります。本書はそのつまずきを克服するために，同じ内容の問題が繰り返し出てきます。例えば，入門期にまちがいやすい単語にstudy（勉強する）の3人称単数現在（studies）がありますが，本書では質問形式をかえて，studiesを繰り返し練習することによって，その定着を図っています。これが，本書を「リピートプリント」と名付けた理由です。

この問題集の特色と使い方

◆ 基本を学ぼう

　そのSTEPの文法事項の例題を見やすい図解で解説し，視覚的に理解できるようにしました。十分理解ができたら**単語力UP**に進みましょう。単語力UPでは，文法の力をつけるのに必要な単語の問題や，そのSTEPに出てくる単語を学習します。

　問題は選択書き込み式の簡単な内容が中心になっています。この問題を解くことによって，次ページからの英文が単語でつまずくことが少なくなります。

◆ 基礎を固めよう

　まず二者択一の問題，次に部分和訳の問題があります。二者択一の例文の多くは，左ページの基本例文か，その例文を少し変化させたものを使用しています。やさしい問題からスタートしますので，ここで，しっかり基礎固めをしましょう。

◆ リピートプリント

　各STEPには実践編として，リピートプリントが2ページずつついています。

　重要な例文は出題形式を変えて何度もリピートして出題されていますので，無理なく定着しやすいようになっています。

また，本書では復習作業をしながら学習が進むように，スモールステップで問題が構成されています。

◆ 確認テスト

学年の学習項目を5つに分けて，確認テストを設けました。学習したことがどれだけ定着しているか，判断できます。ミスした部分をチェックして，反復練習をしましょう。

◆ 解答欄

窮屈な解答欄に解答を記入しないといけないことは，意外とストレスになるものです。本書は解答欄をできるだけ広くとることによって，英語を書きやすく，解答作業に集中しやすいようにしました。

◆ 解説・ヒント

必要に応じて問題文のすぐ下に解答のためのヒントを入れました。また，別冊解答では，英文の和訳例や，解説も入れています。重要だと思われるポイントは，定着のため，反復して出てきます。

◆ の「ワン」ポイントアドバイス

この問題集のあちこちで，が吠えています。解答のためのヒントや，重要事項を理解するための「ワン」ポイントアドバイスです。見かけたら読んでみてください。

も く じ

1・2年の復習 をしよう ①

1. 次の文の終わりを上げ調子で読むなら↗を，下げ調子で読むなら↘を書きましょう。

① What's this?
疑問詞で始まっている
(   )

② Is that a desk or a chair?
orのある文
(   )

③ Is this a notebook?
(   )

④ Can you play tennis?
(   )

2. 次の下線部と同じ発音をする語を１つ選び，記号で答えましょう。

① pens　（ア books　イ albums　ウ desks）　(   )
[ズ]の発音

② make　（ア cake　イ map　ウ cap ）　(   )
[エイ]の発音

③ knows　（ア helps　イ comes　ウ looks ）　(   )
[ズ]の発音

④ cleaned （ア stopped　イ opened　ウ visited）　(   )
[ド]の発音

3. 次の動詞の過去分詞を書きましょう。

① play （　　　　　　）　② wash （　　　　　　）

③ study （　　　　　　）　④ go （　　　　　　）

⑤ come （　　　　　　）　⑥ see （　　　　　　）

⑦ buy （　　　　　　）　⑧ write （　　　　　　）

⑨ speak （　　　　　　）　⑩ read （　　　　　　）

⑪ run （　　　　　　）　⑫ give （　　　　　　）

4. 次の語の反対の意味を表す語（反意語）を書きましょう。

① new ＿＿＿＿＿＿　② long ＿＿＿＿＿＿
（新しい）　（長い）

③ sad ＿＿＿＿＿＿　④ open ＿＿＿＿＿＿
（悲しい）　（開く）

⑤ ask ＿＿＿＿＿＿　⑥ sell ＿＿＿＿＿＿
（たずねる）　（売る）

⑦ fast ＿＿＿＿＿＿　⑧ early ＿＿＿＿＿＿
（速く）　（早く）

5. 次の下線部に適するものを □ から選び，書きましょう。

① I _____ Tom.
   _{be動詞}

② Baseball is _____ in Japan.
   _{形容詞}

③ This book was _____ by him.
   _{受け身}

④ They are _____ tennis in the park.
   _{進行形}

read	playing	am	popular

6. 次の語を（ ）の指示に従って書きかえましょう。

① go _____
   （３人称単数現在形に）

② study _____
   （３人称単数現在形に）

③ wash _____
   （動詞ingの形に）

④ run _____
   （動詞ingの形に）

⑤ like _____
   （過去形に）

⑥ come _____
   （過去形に）

⑦ old _____
   （比較級に）

⑧ large _____
   （比較級に）

⑨ well _____
   （最上級に）

⑩ beautiful _____
   （最上級に）

受け身でつまずいた場合，（5 ③）　　2年 STEP26(P.118)

進行形でつまずいた場合，（5 ④）　　1年 STEP13(P.60)

7. 次の文の（　　）から適するものを選び，下線部に書きましょう。

① There _____ many books in the library.

　　　　　　　　　　　　　　　　　　(am, is, are)

② I _____ in Tokyo five years ago.

　　　　　　　　　　　　　　　　　　(am, was, were)

③ Ken sometimes _____ baseball on Sundays.

　　　　　　　　　　　　　　　　　　(play, plays, playing)

④ They enjoyed _____ in the river.

　　　　　　　　　　　　　　(swim, to swim, swimming)

8. 次の下線部の語を（　　）の語にかえて，英文を完成させましょう。

① <u>This</u> is a flower.　　　(These)

　　These _____.

② <u>That</u> is a bus.　　　(Those)

　　Those _____.

③ <u>I</u> am a student.　　　(We)

　　We _____.

④ <u>He</u> is a teacher.　　　(They)

　　They _____.

1・2年の復習 をしよう ②

1. 次のA⇒Bの関係がC⇒Dと同じになるように，（　　）に適する語を入れましょう。

	A	⇒	B	C	⇒	D
①	boy	⇒	boys	child	⇒	（　　　　　）
②	see	⇒	seen	go	⇒	（　　　　　）
③	study	⇒	studying	swim	⇒	（　　　　　）
④	he	⇒	him	I	⇒	（　　　　　）

2. 次の対話文を完成させましょう。

① A : ＿＿＿＿＿＿ English spoken by Ken?

　 B : No, it isn't.

② A : ＿＿＿＿＿＿ you going to watch TV?

　 B : Yes, I am.

③ A : ＿＿＿＿＿＿ he speak Japanese yesterday?

　 B : No, he didn't.

④ A : ＿＿＿＿＿＿ Ben go to Japan next year?

　 B : Yes, he will.

3. 次の日本語に合うように，下線部に適切な語を入れましょう。

① テーブルの上に2つのコップがあります。

_____ _____ two cups on the table.

② 彼は医者かもしれません。

He _____ _____ a doctor.

③ わたしはあなたに会えてうれしいです。

I am glad _____ _____ you.

④ 彼女は1冊も本を持っていません。

She doesn't have _____ _____.

4. 次の文を日本語にしましょう。

① This is a big dog.
これは（   ）。

② Go to the park.
公園へ（   ）。

③ He was singing a song then.
彼はその時（   ）。

④ I know that she is a nurse.
わたしは彼女が（   ）。

不定詞でつまずいた場合，（3 ③）　　2年 STEP19(P.86)

5. 次の文を（　　）の指示に従って書きかえましょう。

① He had lunch yesterday.（否定文に）

_____

② My sister goes to school by bus.（文尾にyesterdayをつけて）

_____

③ She has to help her mother.（ほぼ同じ内容に）

She _____ help her mother.

④ Don't play soccer in the garden.（ほぼ同じ内容に）

You _____ _____ play soccer in the garden.

6. 次の日本語に合うように，（　　）の語を並べかえて文を完成させましょう。

① わたしは彼に英語を教えます。　I teach (English, him).

I teach _____.

② わたしは今，英語を勉強しています。　I (studying, am, English) now.

I _____ now.

③ この時計はあの時計と同じくらい古いです。
This watch is (old, as, as) that one.

This watch is _____ that one.

④ わたしは何か食べるものがほしい。　I want (to, something, eat).

I want _____.

7. 次の文を（　　）の指示に従って書きかえましょう。

① I like you.　　　　　　（受け身の文に）

_____

② He used this desk.（過去進行形の文に）

_____

③ I am <u>Ken</u>.　　　　　　（下線部が答えとなる疑問文に）

_____

8. 次の（　　）の語〔句〕を並べかえて, 日本語に合った文にしましょう。

① こちらの少年たちはトムとマイクです。
(Tom and Mike / are / these / boys / .)

_____

② 何時ですか。(time / it / what / is / ?)

_____

③ ここで写真を撮ってもよろしいですか。
(here / I / may / pictures / some / take / ?)

_____

④ わたしは明日テニスをするつもりです。
(I / going / play / am / to / tomorrow / tennis / .)

_____

受け身〔受動態〕(1)

基本を学ぼう

He uses　this bike .　　（彼はこの自転車を使います。）

主語　　　　　be動詞＋過去分詞 ～される
This bike　is used　by him .

（この自転車は彼によって使われます。）

Is　this bike　used by him?

（この自転車は彼によって使われますか。）

Yes, it is. / No, it isn't.

（はい，使われます。）　（いいえ，使われません。）

This bike　is not[isn't] used　by him .

（この自転車は彼によって使われません。）

働き

・受け身の文は，〈be動詞＋過去分詞〉の形を使って表す。be動詞は主語によって使い分ける。byは「～によって」と動作をする側の人やものを示す。

・受け身（受動態）の疑問文は，be動詞で文を始め，あとに主語と過去分詞を続ける。答えるときも，be動詞を使って答える。

・受け身（受動態）の否定文は，be動詞のあとにnotを入れる。

単語力 UP

次の（　　）に過去形，過去分詞を書きましょう。

① wash　（　　　　　　）（　　　　　　　）

② study　（　　　　　　）（　　　　　　　）

③ read　（　　　　　　）（　　　　　　　）

④ write　（　　　　　　）（　　　　　　　）

■be動詞の使い分け

現在形	過去形
am	was
is	
are	were

byのあとの代名詞は目的格になるよ。

基礎を固めよう

1. 次の英文の日本語として適切なものを選び，記号で答えましょう。

① Baseball is played by many students.

　ア　野球は多くの生徒たちによってされます。
　イ　野球は多くの生徒たちによってされません。　　　（　　）

② The car wasn't washed.

　ア　その車はマイクによって洗われました。
　イ　その車はマイクによって洗われませんでした。　　（　　）

2. 次の文を日本語にしましょう。

① Students made this chair.
　生徒たちは（　　　　　　　　　　　　　　　　）。

② This chair was made by students.
　このいすは（　　　　　　　　　　　　　　　　）。

③ Does she speak Chinese?
　彼女は（　　　　　　　　　　　　　　　　）。

④ Is Chinese spoken by her?
　中国語は（　　　　　　　　　　　　　　　　）。

1. ① ア　② イ
2. ①生徒たちは（このいすを作りました）。　　②このいすは（生徒たちによって作られました）。
　③彼女は（中国語を話しますか）。　　④中国語は（彼女によって話されますか）。

1 次の文を日本語にしましょう。

① He is reading a book.

(　　　　　　　　　　　　　　　　　　　　　)

② She reads an English book.

(　　　　　　　　　　　　　　　　　　　　　)

③ The English book was read by him.

過去の文

(　　　　　　　　　　　　　　　　　　　　　)

④ Was English taught by her?

(　　　　　　　　　　　　　　　　　　　　　)

2 次の（　　）の語〔句〕を並べかえて，意味の通る文にしましょう。

① (by / is / the window / opened / him / .)

_____

② (are / her / washed / the cars / by / .)

_____

③ (by / English / was / spoken / Ken / ?)

_____

④ (the rooms / cleaned / by / weren't / her / .)

_____

1 次の文を（　　）の指示に従って書きかえましょう。

① She opens the door.　　　　　　（受け身に）

_____

② They open the windows.　　　　　（現在進行形に）

_____

③ The doors were opened by Mike.　（否定文に）

_____

④ This window is opened by him.　 （疑問文に）

_____

2 次の文を英語にしましょう。

① この公園はきのうそうじされましたか。

_____

② テニスは多くの子どもたちによってされます。

_____

③ このお話はわたしによって書かれました。
　　　　　　　write ⇒ written

_____

④ あのコンピューターは、きのう彼によって使われました。

_____

 byのあとの代名詞は目的格になるよ。

受け身〔受動態〕(2)

基本を学ぼう

文の形

Her songs are loved by a lot of people.

(彼女の歌は多くの人たちに愛されています。)

Her songs are loved around the world.

(彼女の歌は世界中で愛されています。)

Her songs are known around the world.

(彼女の歌は世界中で知られています。)

働き

・by 〜の形は，**動作をする側の情報がないと文の意味がわからないとき**や，**動作をする側を強調したいとき**につける。

・**動作をする側が不明な場合**や，**示さなくてもわかる場合**は，**by 〜がない受け身〔受動態〕の文**になる。

単語力 UP

■by以外の前置詞を使う受け身
① be known to 〜　　〜に知られている
② be made of 〜／ be made from 〜　　〜で作られている
③ be written in　　〜語で書かれている
④ be covered with　　〜でおおわれている
⑤ be filled with　　〜で満たされている

be made of A は原料や材料の質が変化しない場合，
be made from A は原料や材料の質が変化する場合に使うよ。
The desk is made of wood. (この机は木でつくられる。)
Wine is made from grapes. (ワインはぶどうからつくられる。)

基礎を固めよう

1. 次の日本語の英文として適切なものを選び，記号で答えましょう。

① その部屋はわたしによってそうじされます。

ア The room is cleaned by me.

イ I clean the room.   ( )

② この学校は2000年に建てられました。

ア This school was build in 2000.

イ This school was built in 2000.   ( )

2. 次の文を日本語にしましょう。

① Cars are used around the world.

車は (   )。

② This book is written in English.

この本は (   )。

③ She studies English.

彼女は (   )。

④ English is spoken around the world.

英語は (   )。

 解答
1. ① ア　② イ
2. ①車は（世界中で使われています）。　②この本は（英語で書かれています）。
　③彼女は（英語を勉強します）。　④英語は（世界中で話されています）。

1 次の文を日本語にしましょう。

① The hill is covered with snow.

(　　　　　　　　　　　　　　　　　　　　　　　　　　　　)

② I was invited to Emma's birthday party.

(　　　　　　　　　　　　　　　　　　　　　　　　　　　　)

③ The chair was made by her.

(　　　　　　　　　　　　　　　　　　　　　　　　　　　　)

④ The library is opened at nine every morning.

(　　　　　　　　　　　　　　　　　　　　　　　　　　　　)

2 次の日本語に合うように，下線部に適切な語を入れましょう。

① 日本では日本語が話されます。

Japanese ＿＿＿＿＿＿＿ ＿＿＿＿＿＿＿ in Japan.

② 彼はみんなに知られています。

He is known ＿＿＿＿＿＿＿ everyone.

③ その教室は今使われていません。

The classroom ＿＿＿＿＿＿＿ used now.

④ チーズはミルクから作られています。

Cheese is mede ＿＿＿＿＿＿＿ milk.

by 〜の「〜の部分」にpeople, them, usなど，
一般の人々をさす語がくるときは省略されるよ。

1 次の文を（　　）の指示に従って書きかえましょう。

① He reads a newspaper.　　　　　（受け身に）
主語⇒French

_____

② She read a newspaper.　　　　　（受け身に）
現在形か過去形かを考える

_____

③ English is spoken in this country.
　　　　　　（疑問文とYesを使って答える文に）

_____

2 次の文を英語にしましょう。

① わたしは日本語を話します。

_____

② 日本語は日本で話されます。

_____

③ この鳥はみんなに知られています。
everyone

_____

④ 山は雪でおおわれています。

_____

readの過去形はread[レッド]だったね。

現在完了(1)〈継続〉

基本を学ぼう

文の形

I have　　　　　　lived in Hawaii for three years.
（わたしは3年間ずっとハワイに住んでいます。）

I have not[haven't] seen Satoshi.
（わたしは3年間ずっとサトシに会っていません。）

Have you　　　　　lived in Hawaii for three years?
（あなたは3年間ずっとハワイに住んでいますか。）

Yes, I have. / No, I haven't.
（はい，そうです。）　（いいえ，ちがいます。）

働き

・〈have〔has〕＋過去分詞〉を使った表現のことを現在完了(形)という。

・「～はずっと…です」のように**過去のある状態がずっと現在(今)も続いている**ことを表す現在完了(形)を「継続用法」という。

・「～はずっと…ではありません」は，〈主語＋have〔has〕＋not＋過去分詞〉を使う。否定文の短縮形はhave not→haven't, has not→hasn't

・「～はずっと…ですか」のように，**過去から現在まである状態が続いていること**をたずねたいときは，〈Have〔Has〕＋主語＋過去分詞～?〉を使う。

単語力 UP

継続用法で使われる
状態動詞

① know　　　～を知っている
② live　　　　住んでいる
③ have　　　～を持っている
④ like　　　　～を好きである
⑤ want　　　～がほしい

■haveとhasの使い分け

I, you, 複数	have
he, she, it など 3人称単数	has

■継続用法に用いられる語句

for	～の間 継続している期間
since	～から，～以来 継続が始まった時点

基礎を固めよう

1. 次の日本語の英文として適切なものを選び，記号で答えましょう。

① 彼は3年間ずっと京都に住んでいます。

　　ア He has lived in Kyoto for three years.
　　イ He have lived in Kyoto for three years.

（　　）

② あなたは先月からずっと忙しいですか。

　　ア Have you been busy since last month?
　　イ Have you being busy since last month?

（　　）

2. 次の文を日本語にしましょう。

① I have lived in Japan for five weeks.
　わたしは（　　　　　　　　　　　　　　）日本に住んでいます。

② Ken has been sick since yesterday.
　ケンは（　　　　　　　　　　　　　　）病気です。

③ I have not seen her for a long time.
　わたしは（　　　　　　　　　　　　　　）彼女に会っていません。

④ Has she stayed in Paris since last year?
　彼女は（　　　　　　　　　　　　　　）パリに滞在していますか。

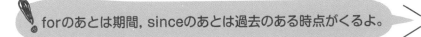 forのあとは期間，sinceのあとは過去のある時点がくるよ。

1. ① ア　② ア
2. ①わたしは（5週間ずっと）日本に住んでいます。　②ケンは（昨日からずっと）病気です。
　③わたしは（長い間ずっと）彼女に会っていません。　④彼女は（去年からずっと）パリに滞在していますか。

1 次の文を日本語にしましょう。

① I have wanted this computer since last year.

(   )

② He has been here for five hours.
　　ずっといる

(   )

③ She has been here since then.

(   )

④ Has Kumi been here for three days?

(   )

2 次の(　　)の語〔句〕を並べかえて，意味の通る文にしましょう。

① I (America / have / in / stayed / since 2008 / .)

2008＝twenty-o-eight

_____

② He (since last week / in / been / has / Osaka / .)

_____

③ She (wanted / for two years / has / this bike / .)

_____

④ You (seen / have / not / for a long time / her / .)

_____

beの過去分詞はbeenだよ。

1 次の（　）の語句を使って現在完了の文にしましょう。

① I like cats.　　　　　　　(for a long time)

I ＿＿＿＿＿ ＿＿＿＿＿ ＿＿＿＿＿ for a long time.

② You are busy.　　　　　(since 1998)

You ＿＿＿＿＿ ＿＿＿＿＿ ＿＿＿＿＿＿ since 1998.

③ He stays in Tokyo.　　　(for three weeks)
　　　滞在する

He ＿＿＿＿＿ ＿＿＿＿＿ in Tokyo for three weeks.

④ She is in Osaka.　　　(since last week)

She ＿＿＿＿＿ ＿＿＿＿＿ in Osaka since last week.

2 次の文を英語にしましょう。

① わたしは彼を知っています。

＿＿＿＿＿＿＿＿＿＿＿＿＿＿＿＿＿＿＿＿＿＿＿

② わたしは彼を知っていました。

＿＿＿＿＿＿＿＿＿＿＿＿＿＿＿＿＿＿＿＿＿＿＿

③ わたしはそのときから（ずっと）彼を知っています。

＿＿＿＿＿＿＿＿＿＿＿＿＿＿＿＿＿＿＿＿＿＿＿

④ わたしは3年間（ずっと）彼を知っています。

＿＿＿＿＿＿＿＿＿＿＿＿＿＿＿＿＿＿＿＿＿＿＿

現在完了進行形／ How long ～?

基本を学ぼう

文の形

I have been studying English since this morning.

（わたしは今朝からずっと英語を勉強しています。）

How long have you been studying English?

（あなたはどのくらいの間, 英語を勉強していますか。）

For an hour. / Since this morning.

（1時間です。）　　　（今朝からです。）

働き

・「～はずっと～しています（し続けています）」のように, **過去のある時点から,** **動作がずっと続いていることを伝えたいときは,**〈have[has]been＋ing形〉の形になる。この表現を**現在完了進行形**という。**現在完了形よりもこれから** もその動作が続いていることを強く表す。

・「どのくらいの期間～ですか」のように**具体的な期間をたずねたいときは,** How long～?を使う。答えるときはforまたはsinceを使って具体 的な期間を言う。

単語力 UP

■進行形にできる 動作動詞

① play　　～をする
② watch　　～を見る
③ walk　　歩く
④ run　　走る
⑤ work　　働く

■進行形にできない状態動詞

① know　　～を知っている
② live　　住んでいる
③ have　　～を持っている
④ like　　～が好きである
⑤ want　　～が欲しい, したい

 動作動詞は現在完了進行形に使われるけれど, 状態を 表す動詞は現在完了進行形にはできないよ。

基礎を固めよう

1. 次の英文の日本語として適切なものを選び, 記号で答えましょう。

① How long have you used the bike?

　　ア　あなたはいつその自転車を使いますか。
　　イ　あなたはその自転車をどのくらいの間使っていますか。　（　　　）

② He has been sleeping for ten hours.

　　ア　彼は10時間寝ていました。
　　イ　彼は10時間ずっと寝ています。　　　　　　　　　　　（　　　）

2. 次の文を日本語にしましょう。

① She has been practicing soccer for one hour.
　彼女は（　　　　　　　　　　　　　　　　　　　　　）。

② How long have you lived in New York?
　あなたは（　　　　　　　　　　　　　　　　　　　　）。

③ It has been raining since this morning.
　今朝から（　　　　　　　　　　　　　　　　　　　　）。

「ずっと～している」という意味を表すとき, liveなどの状態動詞は「have〔has〕＋過去分詞」の形になるよ。

1. ①　イ　　②　イ
2. ①彼女は（1時間ずっとサッカーの練習をし続けています）。
　②あなたは（どのくらいの間ニューヨークに住んでいますか）。
　③雨が（今朝からずっと降り続いています）。

1 次の文を日本語にしましょう。

① I have been watching TV for three hours.

(　　　　　　　　　　　　　　　　　　　　　　　　　　　)

② How long have you lived in China?

(　　　　　　　　　　　　　　　　　　　　　　　　　　　)

—For fifteen years.

—(　　　　　　　　　　　　　　　　　　　　　　　　　　)

③ It has been raining since yesterday.

(　　　　　　　　　　　　　　　　　　　　　　　　　　　)

2 次の（　　）の語(句)を並べかえて，意味の通る文にしましょう。

① (been / I / for / playing / tennis / three hours / have / .)

_____

② (since / playing / been / have / I / video games / yesterday / .)

_____

③ (raining / for / been / has / a / it / week / .)

_____

④ (you / how / have / long / English / learned / ?)

_____

1 次の文を日本語にしましょう。

① I have been playing the guitar for two hours.

(　　　　　　　　　　　　　　　　　　　　　　　　　　)

② How long have you been studying English?

(　　　　　　　　　　　　　　　　　　　　　　　　　　)

—For five hours.

(　　　　　　　　　　　　　　　　　　　　　　　　　　)

2 次の文を英語にしましょう。

① 昨夜からずっと雪が降り続いています。
last night

_____

② 彼らはずっと今朝から空腹です。
be hungry

_____

③ どのくらいの間あなたはスペインに住んでいますか。
spain

_____

—3年間です。

— _____

STEP 05 現在完了(2)〈経験〉

基本を学ぼう

文の形

He has been to Sendai once.

（彼は一度仙台にいったことがあります。）

Has he ever been to Sendai?

（彼は今までに仙台にいったことがありますか。）

Yes, he has. / No, he has not[hasn't].

（はい，あります。）　（いいえ，ありません。）

He has never been to Sendai.

（彼は一度も仙台にいったことがありません。）

働き

・「～は…したことがあります」のように**過去から現在までの経験について伝えた**いときも，現在完了形〈have〔has〕＋過去分詞〉を使う。現在完了（形）の中の「経験用法」と呼ばれる。
・「～は…したことがありますか」は，〈Have〔Has〕＋主語＋過去分詞～？〉のように**経験したことをたずねたいときはHave〔Has〕で文を始める。**
・「～は一度も…したことがありません」のように**経験したことがないと伝えた**いときは，現在完了形のhaveにnever（一度も～ない）や，notを入れて否定文にする。

単語力 UP

■経験用法で使われる語句

① once　　　　　一度，一回
② twice　　　　二度，二回
③ three times　三度，三回
④ many times　何度も
⑤ before　　　　以前に
⑥ several times　数回，何度か

■経験用法の疑問文で使われる語句

ever　　　今までに

■経験用法の否定を表す語句

never　　　一度も～ない

neverは，have[has]の直後に置くよ。

基礎を固めよう

1. 次の英文の日本語として適切なものを選び，記号で答えましょう。

① He has visited Kyoto once.

ア 彼は一度も京都を訪れたことがありません。
イ 彼は一度京都を訪れたことがあります。 （ ）

② I have played tennis twice.

ア わたしは二度テニスをしたことがあります。
イ わたしは三度テニスをしたことがあります。 （ ）

2. 次の文を日本語にしましょう。

① I have played the piano once.
わたしは（　　　　　　）ピアノを（　　　　　　　　）。

② You have seen her many times.
あなたは（　　　　　　）彼女に（　　　　　　　　）。

③ He has visited Okayama before.
彼は（　　　　　　）岡山を（　　　　　　　　）。

④ Have you ever climbed the mountain?
あなたは（　　　　　　）その山に（　　　　　　　　）。

―Yes, I have.
―はい，（　　　　　　　　）。

解答
1. ① イ ② ア
2. ①わたしは（一度）ピアノを（ひいたことがあります）。
　②あなたは（何度も）彼女に（会ったことがあります）。
　③彼は（以前に）岡山を（訪れたことがあります）。
　④あなたは（今までに）その山に（登ったことがありますか）。　― はい，（あります）

29

1 次の文を日本語にしましょう。

① I have been to Osaka before.
　　　～へ行ったことがある
(　　　　　　　　　　　　　　　　　　　　　　　　　)

② You have often read the book.
　　　　　　　しばしば
(　　　　　　　　　　　　　　　　　　　　　　　　　)

③ Ken has sometimes spoken English.
(　　　　　　　　　　　　　　　　　　　　　　　　　)

④ Have you ever been to America?
　　　　　　　今までに
(　　　　　　　　　　　　　　　　　　　　　　　　　)

2 次の (　　) の語〔句〕を並べかえて, 意味の通る文にしましょう。

① (before / have / I / visited / Aomori / .)

_____

② (many times / climbed / you / have / the mountain / .)

_____

③ (has / to / twice / Mary / been / Nara / .)

_____

④ (never / has / him / she / seen / .)

_____

have〔has〕been to ～ (～へ行ったことがある) は,「今はここにもどっている」感じが含まれるよ。

1 次の（　）の語を使って，現在完了の文にしましょう。

① I visit Tokyo.　　　　(once)

I ＿＿＿＿＿＿ ＿＿＿＿＿＿ Tokyo ＿＿＿＿＿＿.

② You play tennis.　　　(before)

You ＿＿＿＿＿＿ ＿＿＿＿＿＿ tennis ＿＿＿＿＿＿.

③ He sees her.　　　　(often)

He ＿＿＿＿＿＿ ＿＿＿＿＿＿ ＿＿＿＿＿＿ her.

④ They play soccer.　　(sometimes)

They ＿＿＿＿＿ ＿＿＿＿＿＿ ＿＿＿＿＿＿ soccer.

2 次の文を英語にしましょう。

① わたしは大阪を訪れます。

＿＿＿＿＿＿＿＿＿＿＿＿＿＿＿＿＿＿＿＿＿＿＿＿＿

② わたしは何度も大阪を訪れたことがあります。

＿＿＿＿＿＿＿＿＿＿＿＿＿＿＿＿＿＿＿＿＿＿＿＿＿

③ わたしはしばしば大阪を訪れたことがあります。

＿＿＿＿＿＿＿＿＿＿＿＿＿＿＿＿＿＿＿＿＿＿＿＿＿

④ わたしは一度も大阪を訪れたことがありません。

＿＿＿＿＿＿＿＿＿＿＿＿＿＿＿＿＿＿＿＿＿＿＿＿＿

現在完了⑶〈完了〉

基本を学ぼう

文の形

I have just played tennis.

（わたしはちょうどテニスをしたところです。）

Have you played tennis yet?

（あなたはもうテニスをしましたか。）

Yes, I have. / No, I haven't. / No, not yet.

（はい，しました。）（いいえ，していません。）（いいえ，まだです。）

I have not[haven't] played tennis yet.

（わたしはまだテニスをしていません。）

働き

- 「（今ちょうど）〜したところです」，「（もう）〜しています」のように動作や状況を終えて，その状態が今も続いていることを伝えたいときは，現在完了形〈have[has]＋過去分詞〉の「完了用法」を使う。
- 「〜は（もう）…しましたか」のように，相手の動作や状況が完了しているかどうかをたずねたいときは，〈Have[Has]＋主語＋過去分詞〜？〉のように，Have[Has]で文を始める。疑問文の最後にyetを入れることが多い。
- 「〜はまだ…していません」のように動作や状況がまだ完了していないことを表したいときは，〈主語＋have[has]＋not＋過去分詞〉を使う。否定文の最後にyetを入れることが多い。

単語力 UP

■完了用法で使われる語句

| just | ちょうど |
| already | すでに，もう |

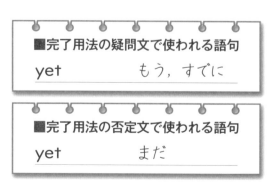

■完了用法の疑問文で使われる語句

| yet | もう，すでに |

■完了用法の否定文で使われる語句

| yet | まだ |

基礎を固めよう

1. 次の英文の日本語として適切なものを選び，記号で答えましょう。

① I have not spoken English yet.

 ア　わたしはもう英語を話しました。
 イ　わたしはまだ英語を話していません。   （ ）

② Have you washed the dishes yet?

 ア　あなたはもう皿を洗ってしまいましたか。
 イ　あなたはまだ皿を洗っていますか。   （ ）

2. 次の文を日本語にしましょう。

① I have been studying English for three hours.
わたしは（   ）。

② You have visited Tokyo twice.
あなたは（   ）。

③ He has just cleaned the kitchen.
         台所

彼は（   ）。

④ Emi has not finished her homework yet.
エミは（   ）。

> 否定文の文末で用いられるyetは，「まだ」という意味になるよ。

解答
1. ① イ　② ア
2. ①わたしは（3時間ずっと英語を勉強しています）。　②あなたは（二度東京を訪れたことがあります）。
　③彼は（ちょうど台所をそうじしたところです）。　④エミは（まだ宿題を終えていません）。

1 次の文を日本語にしましょう。

① Emi has already finished her homework.

(   )

② They have just washed the car.

(   )

③ We have not played soccer yet.

(   )

④ Have you studied English yet?

(   )

2 次の日本語に合うように，下線部に適切な語を入れましょう。

① わたしはちょうど雑誌を読んだところです。

I have _____ read the magazine.

② 彼は以前にカナダに行ったことがあります。

He has _____ to Canada _____.

③ バスはすでに出発してしまいました。

The bus has _____ left.

④ あなたはもう宿題を終えましたか。

_____ you finished your homework _____?

1 次の文の下線部に, (　　)の動詞を正しい形にして入れましょう。

① I have already ＿＿＿＿＿＿＿＿ the book. (read)

② Have you ＿＿＿＿＿＿＿＿ English yet?　(study)

③ He has not ＿＿＿＿＿＿＿＿ her yet.　　(see)

④ She ＿＿＿＿＿＿＿＿ to the park every day. (go)

2 次の文を英語にしましょう。

① わたしはちょうど英語を話したところです。

＿＿＿＿＿＿＿＿＿＿＿＿＿＿＿＿＿＿＿＿＿

② 彼はもう車を洗っています。

＿＿＿＿＿＿＿＿＿＿＿＿＿＿＿＿＿＿＿＿＿

③ あなたはもう宿題を終えましたか。

＿＿＿＿＿＿＿＿＿＿＿＿＿＿＿＿＿＿＿＿＿

—いいえ，まだです。

—＿＿＿＿＿＿＿＿＿＿＿＿＿＿＿＿＿＿＿＿

時間 **40**分　　／**100**点

1 次の文の(　　)から適するものを選び，下線部に書きましょう。

(各1点×8＝8点)

① I am ＿＿＿＿＿＿ baseball.　　(play, playing)

② This room is ＿＿＿＿＿＿ by Kumi.　(used, using)

③ English is studied ＿＿＿＿＿＿ her.　　(of, by)

④ The books ＿＿＿＿＿＿ read by Mike.　(is, are)

⑤ This desk is made ＿＿＿＿＿＿ wood.　(of, from)

⑥ He has lived in Japan ＿＿＿＿＿＿ three years.

(for, since)

⑦ Have you ever ＿＿＿＿＿＿ to Japan?

(been, went)

⑧ Have you cleaned your room ＿＿＿＿＿＿?

(yet, already)

2 次の文の下線部にhave, hasのどちらかを書きましょう。

(各1点×5＝5点)

① I ＿＿＿＿＿＿ lived in this town for a year.

② You ＿＿＿＿＿＿ stayed here since yesterday.

③ He ＿＿＿＿＿＿ seen her many times.

④ Tom ＿＿＿＿＿＿ never eaten *natto*.

⑤ We ＿＿＿＿＿＿ just played tennis.

3 次の文の下線部にfor, sinceのどちらかを書きましょう。

(各2点×7＝14点)

① I have been in Osaka _____ two weeks.

② He has known her _____ 1988.

③ She has been playing tennis _____ this morning.

④ Have you liked baseball _____ a long time?

⑤ They have stayed in America _____ then.

⑥ Ken has had a headache _____ yesterday.
　　　　　　　　　頭が痛い

⑦ Ken has not seen Kumi _____ a year.

4 次の文を日本語にしましょう。

(各4点×3＝12点)

① How long have you lived in Hawaii?
（　　　　　　　　　　　　　　　　　　　　　）

② She has been in this hotel since last week.
　　現在完了
（　　　　　　　　　　　　　　　　　　　　　）

③ We have been to the hotel twice.
（　　　　　　　　　　　　　　　　　　　　　）

5 次の文を受け身（受動態）にしましょう。 （各4点×4＝16点）

① I clean this park.

This park ＿＿＿＿＿＿ ＿＿＿＿＿＿ by me.

② My father uses this car.

This car ＿＿＿＿＿＿ ＿＿＿＿＿＿ by my father.

③ Many children play tennis.

Tennis ＿＿＿＿＿＿ ＿＿＿＿＿＿ by many children.

④ He likes these flowers.

These flowers ＿＿＿＿＿＿ ＿＿＿＿＿＿ by ＿＿＿＿＿＿.

6 次の（ ）の語を適する形にかえて，下線部に書きましょう。

（各5点×4＝20点）

① Baseball is ＿＿＿＿＿＿ by many students. (play)

② This book was ＿＿＿＿＿＿ by Kumi. (read)

③ I have not ＿＿＿＿＿＿ her yet. (see)

④ Have you ＿＿＿＿＿＿ in this town for a long time?
(live)

7 次の対話文を完成させましょう。 （各3点×3＝9点）

① A : _____ _____ have you been practcing soccer?

   B : _____ three hours.

② A : _____ you lived in America since last year?

   B : No, I _____ not.

③ A : _____ the English book written by him yesterday?

   B : Yes, it _____.

8 次の日本語に合うように，下線部に適切な語を入れましょう。 （各4点×4＝16点）

① その犬は彼女によって愛されています。
The dog _____ _____ by her

② 富士山は雪でおおわれています。
Mt. Fuji is _____ _____ snow.

③ わたしはちょうど彼とテニスをしたところです。
I _____ just _____ tennis with him.

④ あなたはもう宿題を終えましたか。
_____ you finished your homework _____?

Did you know?

goodbye（さようなら）はもとは "God be with you!" という長いあいさつです。「神様があなたとともにいますように」の意味で，相手に対する祈る気持ちを表していた。それが変化してgoodbyeになったのよ。

現在分詞の形容詞的用法

基本を学ぼう

〈現在分詞＋名詞〉の文

Look at the running boy . （走っている少年を見なさい。）

〈名詞＋現在分詞～〉の文

Look at the boy running in the park .

（公園の中を走っている少年を見なさい。）

・このing形を現在分詞という。動詞の現在分詞を使うと，「～している人・ものごと」のように名詞を説明することができる。

・現在分詞が1語だけで名詞を修飾するときは，名詞の前に置く。

・名詞（人やものごと）について詳しく
説明したいとき，**動詞のing形を使って，**
名詞のうしろに情報をたしていくことができる。

名詞	現在分詞
人・ものごと	～している

単語力 UP

次の（　　）の中に，動詞のing形を書きましょう。

■動詞のing形の作り方

① 動詞にそのままingをつける。

play→playing, study→(　　　　　　), read→(　　　　　　)

② 語尾がeで終わっている場合は，eをとってingをつける。

make→making, write→(　　　　　　), use→(　　　　　　)

③ 語尾が「短母音＋子音字」の場合は，最後の文字を重ねてingをつける。

run→running, swim→(　　　　　　), sit→(　　　　　　)

基礎を固めよう

1. 次の日本語の英文として適切なものを選び，記号で答えましょう。

① 走っている少年を見なさい。

　ア Look at the boy running.

　イ Look at the running boy.　　　　（　　）

② 公園の中を走っている少年を見なさい。

　ア Look at the boy running in the park.

　イ Look at the running boy in the park.　（　　）

2. 次の文を日本語にしましょう。

① I know the girl.

わたしは（　　　　　　　　　　　　　　　　　）。

② I know the sitting girl.

わたしは（　　　　　　　　　　　　　　　　　）。

③ He saw the cat sleeping on the chair.
　　see(見る) ⇒ saw

彼は（　　　　　　　　　　　　　　　　　）。

④ The girl walking in the garden is Mary.

（　　　　　　　　　　　　　　　　）メアリーです。

1. ① イ　② ア
2. ①わたしは（(その)少女を知っています）。　　②わたしは（すわっている少女を知っています）。
　③彼は（いすの上で眠っているネコを見ました）。　④（庭の中を歩いている少女は）メアリーです。

41

1 次の文を日本語にしましょう。

① He is walking in the garden.
現在進行形

(　　　　　　　　　　　　　　　　　　　　　　　)

② He doesn't know the running boy.

(　　　　　　　　　　　　　　　　　　　　　　　)

③ Look at the boy playing tennis.

(　　　　　　　　　　　　　　　　　　　　　　　)

④ Look at the girl playing the piano.

(　　　　　　　　　　　　　　　　　　　　　　　)

2 次の（　　）の語[句]を並べかえて，意味の通る文にしましょう。

① I (know / studying / the / boy / .)

_____

② He (boy / knows / the / sleeping / there / .)

_____

③ The boy (a book / Mike / reading / is / .)

_____

④ The girl (is / playing / the guitar / Kumi / .)

_____

 thereなどの語句がつくときは，現在分詞は名詞のあとにくるよ。

1 次の（　　）の語を適する形にかえて，下線部に入れましょう。

① I know the boy ＿＿＿＿＿＿ in the park.　　(run)

② Do you know the girl ＿＿＿＿＿ on the bench?
　　　　　　　　　　　　　　　　　　　　　(sit)

③ He doesn't know the ＿＿＿＿＿＿ girl.　　(sleep)

④ She ＿＿＿＿＿＿ English every day.　　(study)

2 次の文を英語にしましょう。

① わたしは泳いでいます。

＿＿＿＿＿＿＿＿＿＿＿＿＿＿＿＿＿＿＿＿＿

② わたしは泳ぐことが好きです。（動名詞を使って）

＿＿＿＿＿＿＿＿＿＿＿＿＿＿＿＿＿＿＿＿＿

③ わたしは川で泳いでいる少年を知っています。

＿＿＿＿＿＿＿＿＿＿＿＿＿＿＿＿＿＿＿＿＿

④ 川で泳いでいる少女はクミです。

＿＿＿＿＿＿＿＿＿＿＿＿＿＿＿＿＿＿＿＿＿

STEP 08 過去分詞の形容詞的用法

基本を学ぼう

文の形

〈過去分詞＋名詞〉の文

These are the │collected│ stamps .

（これらは集められた切手です。）

〈名詞＋過去分詞～〉の文

These are the stamps │collected by him│ .

（これらは彼によって集められた切手です。）

働き

・動詞の過去分詞を使うと，「～された人・ものごと」のように名詞を説明することができる。

・過去分詞が1語だけで名詞を修飾するときは，名詞の前に置く。

・名詞（人やものごと）について詳しく説明したいとき，動詞の過去分詞を使って，名詞のうしろに情報をたしていくことができる。

名詞	過去分詞
人・ものごと	～された

単語力 UP

次の（　　）の中に，過去分詞を書きましょう。

① build　built　（　　　）
② meet　met　（　　　）
③ speak　spoke　（　　　）
④ read　read　（　　　）
⑤ write　wrote　（　　　）
⑥ make　made　（　　　）
⑦ teach　taught　（　　　）

readは形は同じだけれど，過去形と過去分詞の発音は[redレッド]になるよ。

基礎を固めよう

1. 次の日本語の英文として適切なものを選び，記号で答えましょう。

① これらは集められた切手です。

ア　These are the collected stamps.
イ　These are the stamps collected.　　　（　　）

② これらは彼によって集められた切手です。

ア　These are the stamps collected by him.
イ　These are the collected stamps by him.

（　　）

2. 次の文を日本語にしましょう。

① This is a dish.

これは（　　　　　　　　　　　　　　）。

② This is the broken dish.
こわ（さ）れた

これは（　　　　　　　　　　　　　　）。

③ This is a bag.

これは（　　　　　　　　　　　　　　）。

④ This is the bag made by him.

これは（　　　　　　　　　　　　　　）。

1. ① ア　② ア
2. ①これは（皿です）。　　②これは（こわれた皿です）。
　　③これは（かばんです）。　④これは（彼によって作られたかばんです）。

45

1 次の文を日本語にしましょう。

① This book is written in English.

(   )

② This book written in English was difficult.

(   )

③ This dog was loved by her.

(   )

④ This is the dog loved by her.

(   )

2 次の（　　）の語[句]を並べかえて、意味の通る文にしましょう。

① The chair (is / made / by him / good / .)

_____

② This (the / broken / is / vase / .)
こわ(さ)れた

_____

③ I (know / in China / spoken / the language / .)

_____

④ This (the book / by / is / written / Ken / .)

_____

 by herなどの語句がつくときは、過去分詞は名詞の
あとにくるよ。

1 次の（　　）の語を適する形にかえて，下線部に入れましょう。

① This is the ＿＿＿＿＿ egg.　　　　　　　　(boil)

② Those are the ＿＿＿＿＿ stamps.　　　　(collect)

③ The language ＿＿＿＿＿ in America is English.
　　　　　　　　　　　　　　　　　　　　(speak)

④ The watch ＿＿＿＿＿ by him is good.　(make)
　「彼によって作られた時計」が主語

2 次の文を英語にしましょう。

① このネコは彼女によって愛されています。

＿＿＿＿＿＿＿＿＿＿＿＿＿＿＿＿＿＿＿＿＿＿

② これは彼女によって愛されたネコです。

＿＿＿＿＿＿＿＿＿＿＿＿＿＿＿＿＿＿＿＿＿＿

③ これは彼女によって作られた皿です。

＿＿＿＿＿＿＿＿＿＿＿＿＿＿＿＿＿＿＿＿＿＿

④ 彼女によって作られた皿はよいです。

＿＿＿＿＿＿＿＿＿＿＿＿＿＿＿＿＿＿＿＿＿＿

名詞を修飾する句と節

基本を学ぼう

■後置修飾

〈前置詞を使って〉

the 〔名詞〕book | on the desk |　　　　　（机の上の本）

〈不定詞（to＋動詞の原形）を使って〉

the 〔名詞〕book | to read |　　　　　（読むべき本）

〈現在分詞を使って〉

the 〔名詞〕boy | reading a book |　　　　　（本を読んでいる少年）

〈過去分詞を使って〉

the 〔名詞〕house | built in 1860 |　　　　　（1860年に建てられた家）

〈接触節を使って〉

the 〔名詞〕box | 〔主語〕I 〔動詞〕made |　　　　　（わたしが作った箱）

> 主語と動詞があるので，節が前の名詞を修飾しているよ。

働き

- 句とは複数の語の集まりで，ひとつのまとまった意味を表すもの。
- 節とは〈主語＋動詞〜〉のまとまりのこと。
- ものごとを詳しく説明したいとき，説明したい名詞のすぐうしろに句または，節〈主語＋動詞〜〉をつけて詳しい説明をする。
- 説明したい名詞のすぐうしろに接している節を接触節という。接触節は，「〜する…」とものや人を説明する。

基礎を固めよう

1. 次の英文の日本語として適切なものを選び，記号で答えましょう。

① the book I read yesterday

ア わたしが昨日読んだ本。
イ その本をわたしは昨日読んだ。　　　　　　　　　（　　）

② She is the nurse I know.

ア 彼女はわたしが知っている看護師です。
イ わたしは彼女が看護師であることを知っています。　（　　）

2. 次の文を日本語にしましょう。

① This is a window.
これは（　　　　　　　　　　　　　　　　　　）。

② This is the broken window.
これは（　　　　　　　　　　　　　　　　　　）。

③ This is a book.
これは（　　　　　　　　　　　　　　　　　　）。

④ This is the book read by Tom.
これは（　　　　　　　　　　　　　　　　　　）。

1. ① ア　② ア
2. ①これは（窓です）。　　②これは（こわれた窓です）。
　 ③これは（本です）。　　④これは（トムによって読まれた本です）。

1 次の文を日本語にしましょう。

① This is a pen.
( )

② This is the pen I lost.
( )

③ This is the boy I saw in the park.
( )

④ The camera in my bag is good.
( )

2 次の（ ）の語〔句〕を並べかえて，意味の通る文にしましょう。

① This (is / I / the boy / last night / saw / .)

_____

② That (the bike / is / bought / Kumi / .)

_____

③ This (the book / read / is / Ken / .)

_____

④ I (playing / know / the boy / tennis / .)

_____

1 次の語句を日本語にしましょう。

① the girl by the window
~のそばに
(   )

② the boy I like
(   )

③ the picture he took
(   )

④ many places to see
(   )

2 次の文を英語にしましょう。

① わたしは窓のそばにいる少女を知っています。

_____

② ケンはわたしが好きな少年です。

_____

③ 彼が撮った写真は良いです。

_____

④ 京都には見るためのたくさんの場所があります。

_____

関係代名詞(1)〈目的格which/that〉

基本を学ぼう

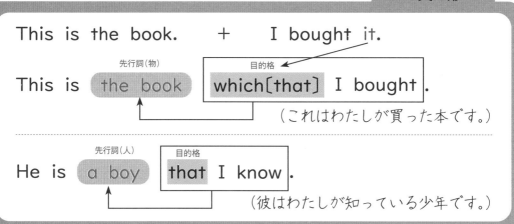

This is the book.   +   I bought it.

先行詞(物)　　　　目的格

This is the book which[that] I bought.

（これはわたしが買った本です。）

先行詞(人)　　目的格

He is a boy that I know.

（彼はわたしが知っている少年です。）

働き

・関係代名詞は，①文と文を結ぶ(接続詞)と②人称代名詞のかわりをする。
・「**物（もの）」を詳しく説明したいとき**は，「物」を表す名詞のすぐうしろに
　〈that〔またはwhich〕＋主語＋動詞～〉をつけて詳しい情報を加えること
　ができる。
・「**人」を詳しく説明したいとき**は，「人」を表す名詞のすぐうしろに
　〈that＋主語＋動詞～〉をつけて詳しい情報を加えることができる。
・that〔which〕があとに続く文の目的語の役割を果たすので，関係代名
　詞の**目的格**という。
・修飾される名詞のことを**先行詞**という。

もっとくわしく

①　人やものごとについて説明する接触節→名詞のすぐうしろに〈主
　語＋動詞～〉の形

The book │I read yesterday│ was interesting.

（わたしが昨日読んだ本はおもしろかったです。）

②　目的格の関係代名詞は省略でき，接触節と同じ形になる。

The book that[which]　I read yesterday was interesting.

↓省略

The book 　　　　　　I read yesterday was interesting.

基礎を固めよう

1. 次の英文の日本語として適切なものを選び，記号で答えましょう。

① Tokyo is a city which I want to visit.

　　ア　東京はわたしが訪れなければならない都市です。
　　イ　東京はわたしが訪れたい都市です。　　　　　　　（　　　）

② This is the castle that he visited.

　　ア　これは彼が訪れた城です。
　　イ　これは城です。彼はその城を訪れました。　　　（　　　）

2. 次の文を日本語にしましょう。

① This is the lake which she visited.
　　これは（　　　　　　　　　　　　　　　　　　　）。

② This is the book which I read yesterday.
　　これは（　　　　　　　　　　　　　　　　　　　）。

③ He is the boy that I met last week.
　　彼は（　　　　　　　　　　　　　　　　　　　　）。

④ The book that you bought is very interesting.
　　あなたが（　　　　　　　　　　　　　　　）とてもおもしろいです。

解答

1. ① イ　② ア
2. ①これは（彼女が訪れた湖です）。　　②これは（わたしが昨日読んだ本です）。
　 ③彼は（わたしが先週会った少年です）。　④あなたが（買った本は）とてもおもしろいです。

1 次の文を日本語にしましょう。

① This is a book he wrote.
関係代名詞目的格（which, that）が省略

(   )

② This is a letter I wrote.

(   )

③ I know the girl you met yesterday.

(   )

④ The boy I met yesterday is Ken.
yesterdayまでが主語

(   )

2 次の(   )の語を入れるとき，適する位置の記号を答えましょう。

① I know the boy you met yesterday.   (that)
       ア   イ   ウ
(   )

② This is the bike I bought last week. (which)
     ア イ   ウ
(   )

③ The lake he visited was beautiful.   (which)
        ア   イ   ウ
(   )

④ The boy I want to see is Mike.   (that)
       ア   イ   ウ
(   )

関係代名詞目的格(which, that)は省略することができるんだよ。

1 次の（　）の語〔句〕を並べかえて，意味の通る文にしましょう。

① He (last night / the boy / is / that / met / I / .)

_____

② This (the museum / he / that / is / visited / yesterday / .)

_____

③ He (a boy / English / is / taught / I / .)
　　関係代名詞目的格が省略

_____

④ The castle (was / he / beautiful / visited / .)

_____

2 次の文を英語にしましょう。

① これは本です。

_____

② わたしは昨日本を買いました。

_____

③ これはわたしが昨日買った本です。

_____

④ わたしが昨日買った本は役に立ちます。

_____

 先行詞＋関係代名詞＋主語＋動詞の順になるよ。

関係代名詞(2)〈主格who/which〉

基本を学ぼう

文の形

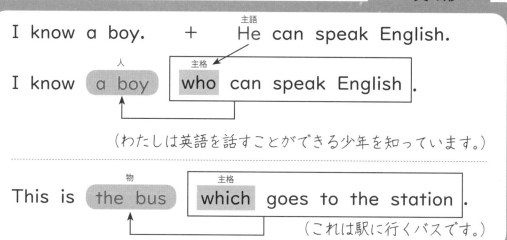

I know a boy.　　＋　　He can speak English. 〔主語〕

I know　a boy〔人〕　who can speak English〔主格〕．

（わたしは英語を話すことができる少年を知っています。）

This is　the bus〔物〕　which goes to the station〔主格〕．

（これは駅に行くバスです。）

働き

・「人」について具体的に説明したいとき，説明したい「人」を表す名詞のすぐうしろに〈who＋動詞〜〉を続ける。

・「物（もの）」について具体的に説明したいとき，説明したい「物」を表す名詞のすぐうしろに〈which＋動詞〜〉を続ける。

・who/whichがあとに続く文の主語の役割を果たすので，関係代名詞の主格という。

もっとくわしく

① ［過去］the girl who won the tournament

（大会に優勝した少女）

② ［3人称単数現在］a friend who loves sports

（スポーツを愛する友だち）

③ ［複数］two women who play tennis

（テニスをする2人の女性）

 whoのうしろの動詞は，時制や説明したい人の人数などによって変わるんだね。

基礎を固めよう

1. 次の英文の日本語として適切なものを選び，記号で答えましょう。

① I know the girl who can speak Chinese.

　　ア　わたしは中国語を話している少女を知っています。
　　イ　わたしは中国語を話すことができる少女を知っています。

　　　　　　　　　　　　　　　　　　　　　　（　　　）

② This is the bus which goes to the park.

　　ア　このバスは公園に行きます。
　　イ　これは公園に行くバスです。

　　　　　　　　　　　　　　　　　　　　　　（　　　）

2. 次の文を日本語にしましょう。

① I know the boy who can swim well.
　　わたしは上手に（　　　　　　　　　　　　　　　　　）。

② I know a nurse who lives in Kyushu.
　　わたしは九州に（　　　　　　　　　　　　　　　　　）。

③ I have the pictures which were taken by him.
　　わたしは彼によって（　　　　　　　　　　　　　　　）。

④ The pictures which were taken by him are good.
　　彼によって（　　　　　　　　　　　　　　　）よいです。

解答
1. ① イ　② イ
2. ①わたしは上手に（泳ぐことができる少年を知っています）。
　②わたしは九州に（住んでいる看護師を知っています）。
　③わたしは彼によって（撮られた写真を持っています）。　④彼によって（撮られた写真は）よいです。

1 次の文を日本語にしましょう。

① I saw the boy who had long hair.
関係代名詞who（主格）

(　　　　　　　　　　　　　　　　　　　　　)

② Look at the boy who is sitting over there.

(　　　　　　　　　　　　　　　　　　　　　)

③ This is the train which leaves at ten.
関係代名詞which（主格）

(　　　　　　　　　　　　　　　　　　　　　)

④ The pond which is on the hill is beautiful.
hillまでが主語　　　　　　　　　　　　　　　丘

(　　　　　　　　　　　　　　　　　　　　　)

2 次の(　　)の語を入れるとき，適する位置の記号を答えましょう。

① I have　a brother　can speak　English. (who)
　　　ア　　　　　　イ　　　　　ウ
(　　)

② That is　the building　was built　last year. (which)
　　　ア　　　　　イ　　　　　ウ
(　　)

③ He　has　a friend　lives in London.　(who)
　　ア　イ　　　ウ
(　　)

④ The boy　is　singing　a song　is Ben.　(who)
　　　ア　イ　　ウ　　　エ
(　　)

1 次の（　）の語〔句〕を並べかえて，意味の通る文にしましょう。

① Look (swimming / at / the boy / in the river / .)
現在分詞の形容詞的用法

_____

② This (a book / written / is / by him / .)
過去分詞の形容詞的用法

_____

③ They (know / who / in Aomori / lived / an old man / .)

_____

④ Can (show / which / the pictures / you / me / by her / were taken / ?)
Can you ～?「～してくれますか」

_____

2 次の文を関係代名詞who，whichを使って，英語にしましょう。

① これは8時に出発するバスです。

_____

② 英語を話している少年はケンです。

_____

③ これは大阪行きの列車です。

_____

④ 本を読んでいる少女はクミです。

_____

関係代名詞(3) 〈主格that〉

基本を学ぼう

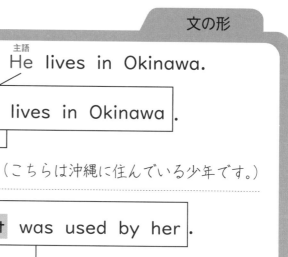

This is a boy.　　＋　　He lives in Okinawa.
（主語）

This is　a boy　that　lives in Okinawa．
（人）（主格）

（こちらは沖縄に住んでいる少年です。）

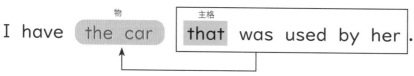

I have　the car　that　was used by her．
（物）（主格）

（わたしは彼女によって使われた車を持っています。）

働き

- 「人」について具体的に説明したいとき，説明したい「人」を表す名詞のすぐうしろに〈that＋動詞～〉を続ける。
- 「物（もの）」について具体的に説明したいとき，説明したい「もの」を表す名詞のすぐうしろに〈that＋動詞～〉を続ける。
- thatがあとに続く文の主語の役割を果たすので，関係代名詞の主格という。

単語力 UP

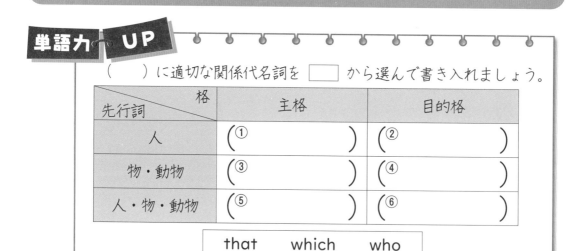

（　）に適切な関係代名詞を　□　から選んで書き入れましょう。

先行詞　　格	主格	目的格
人	（①　　　　）	（②　　　　）
物・動物	（③　　　　）	（④　　　　）
人・物・動物	（⑤　　　　）	（⑥　　　　）

that　which　who

基礎を固めよう

1. 次の英文の日本語として適切なものを選び，記号で答えましょう。

① This is the store that opened last week.

　ア　これは先週開店した店です。
　イ　これは店です。それは先週開店しました。　　　（　　）

② The dog that has long hair isn't mine.

　ア　長い髪をしているイヌはわたしのものです。
　イ　長い髪をしているイヌはわたしのものではありません。（　　）

2. 次の文を日本語にしましょう。

① I know the boy that plays baseball well.
　わたしは（　　　　　　　　　　　　　　　　）知っています。

② I have the dog that runs fast.
　わたしは（　　　　　　　　　　　　　　　　）飼っています。

③ I know a girl that can play the piano.
　わたしは（　　　　　　　　　　　　　　　　）知っています。

④ The boy that is swimming in the river is Ken.
　川で（　　　　　　　　　　　　　　　　）ケンです。

 that以下の文が前の名詞を修飾するよ。

解答

1. ① ア　② イ
2. ①わたしは（野球を上手にする少年を）知っています。　②わたしは（速く走るイヌを）飼っています。
　③わたしは（ピアノをひくことができる少女を）知っています。
　④川で（泳いでいる少年は）ケンです。

61

1 次の文を日本語にしましょう。

① I saw a man that looked happy.
　　関係代名詞that(主格)　　　　　　　look(〜のように見える)

(　　　　　　　　　　　　　　　　　　　　　　　　　　　　　)

② Mike is a student that comes from America.
　　　　　　　　　　　　　　　　　　〜の出身である

(　　　　　　　　　　　　　　　　　　　　　　　　　　　　　)

③ He is a boy who likes dogs.
　　関係代名詞who(主格) = that

(　　　　　　　　　　　　　　　　　　　　　　　　　　　　　)

④ These are the pictures that I took in Hokkaido.
　　関係代名詞that(目的格)

(　　　　　　　　　　　　　　　　　　　　　　　　　　　　　)

2 次の（　　）の語〔句〕を並べかえて, 意味の通る文にしましょう。

① I (a boy / has / know / that / a bird / .)

_____

② Kumi (a student / likes / is / that / singing / .)

_____

③ They (that / computers / the students / are / use / .)

_____

④ I (he / a teacher / know / is / that / .)
　　　　　　　　　　　　　　　　接続詞that

_____

関係代名詞の目的格(〜を, 〜に)の場合は, あとに
「主語＋動詞〜」が続くよ。

1 次の文の（　）から適切なものを選び，記号で答えましょう。

① I know a girl that （ア live　イ lives） in Tokyo.

（　　）

② They are students that （ア like　イ likes） tennis.
先行詞が複数形

（　　）

③ I like the teacher that （ア teach　イ teaches） English.

（　　）

④ I know the girls who （ア is　イ are） swimming in the pool.

（　　）

2 次の文を英語にしましょう。

① 彼は少女を知っています。

_____

② その少女はテニスを上手にすることができます。

_____

③ 彼はテニスを上手にすることができる少女を知っています。

_____

④ テニスを上手にすることができる少女はエミです。

_____

先行詞が３人称単数現在のとき，一般動詞には-s, -es がつくんだったね。

確認テスト2

1 次の（　）の中に，関係代名詞who，whichのどちらかを入れましょう。 (各2点×5＝10点)

① This is the boy (　　　　) lives in Tokyo.

② This is the bus (　　　　) goes to the station.

③ This is the pencil (　　　　) I bought last week.

④ This is a girl (　　　　) can speak Spanish.

⑤ This is the building (　　　　) was built last year.

2 次の文の（　）から適するものを選び，記号で答えましょう。 (各1点×9＝9点)

① Look at the girl (ア dances　イ dancing) over there.
(　　　)

② These are pictures (ア took　イ taken) by him.
(　　　)

③ Who is the boy (ア speaking　イ spoken) English in the park?
(　　　)

④ The boy (ア studying　イ studies) in the library is Tom.
(　　　)

⑤ This isn't the letter (ア writing　イ written) by her.
(　　　)

⑥ I know a boy (ア which　イ who) likes music.
(　　　)

⑦ They are letters which (ア was　イ were) written by Ken.
(　　　)

⑧ The dog which (ア have　イ has) long hair isn't mine.
(　　　)

⑨ He is (ア studying　イ studing) French now.
(　　　)

3 次の（　　）の語を適する形にかえて，下線部に書きましょう。

（各3点×4＝12点）

① The boy _____ a book is Bob. (read)

② Do you know the man _____ the guitar?
(play)

③ She is a singer _____ by many people.
(love)

④ The letter _____ by Kumi was long. (write)

4 次の文を日本語にしましょう。

（各4点×4＝16点）

① Do you know the boy sitting under the tree?
(　　　　　　　　　　　　　　　　　　　　　　　　　　)

② Do you know the girl sleeping under the tree?
(　　　　　　　　　　　　　　　　　　　　　　　　　　)

③ This is a picture taken by me.
(　　　　　　　　　　　　　　　　　　　　　　　　　　)

④ This is a picture I took.
(　　　　　　　　　　　　　　　　　　　　　　　　　　)

5 次の各組の文がほぼ同じ意味を表すように，下線部に適する語を入れましょう。 (各4点×3＝12点)

① He has a friend who lives in London.

He has a friend ＿＿＿＿＿＿ in London.

② She has a picture which was taken in the park.

She has a picture ＿＿＿＿＿＿ in the park.

③ I know the girls swimming in the pool.

I know the girls that ＿＿＿＿＿＿ ＿＿＿＿＿＿＿
in the pool.

6 次の2つの文を関係代名詞**that**を使って，1つの文にしましょう。 (各5点×4＝20点)

① This is the book.　　I bought it.
先行詞 the book＝人称代名詞 it（目的格）

＿＿＿＿＿＿＿＿＿＿＿＿＿＿＿＿＿＿＿＿＿

② He is a boy.　　I know him.
先行詞 a boy＝人称代名詞 him（目的格）

＿＿＿＿＿＿＿＿＿＿＿＿＿＿＿＿＿＿＿＿＿

③ He has a dog.　　It can jump high.
先行詞 a dog＝人称代名詞 it（主格）

＿＿＿＿＿＿＿＿＿＿＿＿＿＿＿＿＿＿＿＿＿

④ The boy is Ben.　　He is singing.
先行詞 the boy＝人称代名詞 he（主格）

＿＿＿＿＿＿＿＿＿＿＿＿＿＿＿＿＿＿＿＿＿

7 次の文のあやまりをなおして，正しい英文にしましょう。

(各3点×3＝9点)

① Look at the sing girl.

_____

② I know the boy which is playing tennis in the park.

_____

③ I saw a house that it had a beautiful garden.

_____

8 次の文を日本語にしましょう。

(各4点×3＝12点)

① I bought a book yesterday.

(　　　　　　　　　　　　　　　　　　　　　　　　　　　）

② This is the book I bought yesterday.

(　　　　　　　　　　　　　　　　　　　　　　　　　　　）

③ The book which I bought yesterday is useful.

(　　　　　　　　　　　　　　　　　　　　　　　　　　　）

Did you know?

　筆記用具としてよく使われている「シャーペン」。これは英語では通じないのよ。「シャーペン」(sharp pencil) だと「先のとんがった鉛筆」の意味になってしまう。正しくは mechanical pencil（メカニカルペンシル）と言うのよ。

help＋（人）＋動詞の原形/make＋（人）＋動詞の原形/let＋（人）＋動詞の原形

基本を学ぼう

文の形

主語　　　動詞　　　目的語　　　動詞の原形（toをいれない）

I　　help　　my father　　wash　the dishes.

（わたしは父が皿を洗うのを手伝います。）

My mother　made　me　　clean　the room.

（母は私に部屋をそうじさせました。）

My brother　let　me　　use　the computer.

（兄はわたしにコンピューターを使わせてくれました。）

働き

- 目的語と動詞の原形の間には，「～は…だ」のような**主語と述語の関係**がある。
- 上の例文のような動詞の原形のことを**原形不定詞**という。
- 〈help＋（人）＋動詞の原形〉で，「（人）が～するのを手伝う」という意味になる。
- 〈make＋（人）＋動詞の原形〉で，「（人）に～させる」という意味になる。
- 〈let＋（人）＋動詞の原形〉で，「（人）に～させる」，「（人など）が～するのを許す」という意味になる。

もっとくわしく

■makeとletの違い

- 文の主語が人のとき，〈make＋（人）＋動詞の原形〉は，「強制的に（無理やり）（人）に～させる」という意味がある。
- 〈let＋（人）＋動詞の原形〉は，「（人）が～するのを許可する」という意味がある。

文の主語が「もの」や「こと」のときは，強制（無理やり）の意味を持たないときもあるよ。
例 This movie made me cry. この映画はわたしを泣かせました

基礎を固めよう

1. 次の日本語の英文として適切なものを選び，記号で答えましょう。

① わたしは彼女がお皿を洗うのを手伝いました。

ア I helped she wash the dishes.
イ I helped her wash the dishes.　　　　（　　）

② 母はわたしたちがそのテレビゲームをすることを許可しました。

ア My mother let we play the video game.
イ My mother let us play the video game.

（　　）

2. 次の文を日本語にしましょう。

① My mother made me wash the bike.

母は（　　　　　　　　　　　　　　　　　　　　　）。

② My father didn't let me watch TV.

父は（　　　　　　　　　　　　　　　　　　　　　）。

③ He helped me clean my room.

彼は（　　　　　　　　　　　　　　　　　　　　　）。

④ The song made us cry.

その歌は（　　　　　　　　　　　　　　　　　　　　）。

解答
1. ① イ　② イ　2. ①母は（わたしに（その）自転車を洗わせました）。
②父は（わたしにテレビを見させてくれませんでした〔わたしがテレビを見るのを許しませんでした〕）。
③彼は（わたしが部屋をそうじするのを手伝いました）。④その歌は（わたしたちを泣かせました）。

1 次の文を日本語にしましょう。

① My mother let me buy a new bike.

(　　　　　　　　　　　　　　　　　　　　)

② I helped my mother make cookies.

(　　　　　　　　　　　　　　　　　　　　)

③ Bob always makes his friends laugh.
　　　　いつも

(　　　　　　　　　　　　　　　　　　　　)

④ Our teacher let us use our smartphones in class.
　　　　　　　　　　　　　　　　　　　　　　　　授業中に

(　　　　　　　　　　　　　　　　　　　　)

2 次の(　　)の語を並べかえて, 意味の通る文にしましょう。

① (computer / let / me / use / his / he/ .)

_____

② (helped / I / my / cook / mother / .)

_____

③ (eat / me / grandmother / vegetables / my / made / .)

_____

letは不規則変化の動詞で, 原形・過去形・過去
分詞がすべて同じ形だよ。

1 次の文のあやまりをなおして，正しい英文にしましょう。

① My sister helped me cooking dinner.

_____

② I help my father washes the car every month.

_____

③ Let know me your address.
住所

_____

④ This music cry my children made.

_____

2 次の日本語に合うように，下線部に適切な語を入れましょう。

① 彼女は子どもたちがテレビゲームをすることを許しました。

She let her children _____ video games.

② 彼はわたしがこの箱を運ぶのを手伝いました。
carry

He helped _____ _____ this box.

③ 母は弟に部屋をそうじさせました。

My mother _____ my brother _____ the room.

STEP 14 want/ask/tell 〜 to…

基本を学ぼう

主語	動詞	目的語	to+動詞の原形	
I	wanted	Eri	to sing	a song.

（わたしはエリに歌を歌ってほしかったです。）

She	asked	Ken	to go	there.

（彼女はケンにそこに行くように頼みました。）

He	told	me	to go	to bed.

（彼はわたしに寝るように言いました。）

働き

- 〈want＋（人）＋to＋動詞の原形〉で，「（人）に〜してほしい」「（人）に〜してもらいたい」という意味になる。
- 〈ask＋（人）＋to＋動詞の原形〉で，「（人）に〜するように頼む」という意味になる。
- 〈tell＋（人）＋to＋動詞の原形〉で，「（人）に〜するように言う」の表現になる。
- want, tell, askのあとにお願いしたい人を置き，そのあとに〈to＋動詞の原形〉を続ける。toのあとの動詞は必ず原形にする。

もっとくわしく

■Do you want me to＋動詞の原形?

疑問文Do you want me to＋動詞の原形?で「あなたはわたしに〜してほしいですか?」は「わたしが〜しましょうか」という申し出の表現になる。

Do you want me to help you? あなたを手伝いましょうか。

 〈want＋（人）＋to＋動詞の原形〉は，目上の人には使わない方がよい表現なんだ。ていねいに伝えたいときは，wantのかわりにwould likeを使うよ。

基礎を固めよう

1. 次の英文の日本語として適切なものを選び，記号で答えましょう。

① He asked her to open the window.

　ア　彼は彼女に窓を開けてくれるように頼みました。
　イ　彼は彼女に窓を開けるべきかたずねました。　　　（　　）

② She wanted my mother to walk slowly.

　ア　彼女はわたしの母にゆっくり歩きたいと言っています。
　イ　彼女はわたしの母にゆっくり歩いてほしかったです。　（　　）

2. 次の文を日本語にしましょう。

① I asked him to wash the dishes.
わたしは（　　　　　　　　　　　　　　　　　　　　　　）。

② You told Bob to close the door.
あなたは（　　　　　　　　　　　　　　　　　　　　　　）。

③ I wanted him to walk slowly.
わたしは（　　　　　　　　　　　　　　　　　　　　　　）。

④ I wanted to walk slowly.
わたしは（　　　　　　　　　　　　　　　　　　　　　　）。

> 2の③はwalk slowlyする人は「彼」，
> ④では「私」になるよ。

1 次の文を日本語にしましょう。

① I asked Ken to go there with me.

(   )

② You told me to wash the car.

(   )

③ They told us to go camping.

(   )

④ They wanted me to be a doctor.
_{〜になる}

(   )

2 次の（　）の語〔句〕を並べかえて, 意味の通る文にしましょう。

① Henry (up / told / to / you / get / at once / .)

_____

② He (asked / to / call you / Mike / .)

_____

③ I (wanted / be / her / to / a teacher / .)

_____

④ She (want / be / a nurse / to / didn't / Kumi / .)

_____

■④, ②③④では, toのあとは動詞の原形beがくるよ。

74

1 次の文のあやまりをなおして正しい英文にしましょう。

① I told she to study hard.

_____

② Did you ask he to clean the room?

_____

③ She didn't want me to came here.

_____

④ I wanted him to is a teacher.

_____

2 次の文を英語にしましょう。

① わたしは彼に会いたい。

_____

② わたしはあなたに彼に会ってほしい。

_____

③ 彼は彼女に手伝ってくれるように頼みました。

_____

④ 彼女は彼に車を洗うように言いました。

_____

15 間接疑問文(1) 〈be動詞〉

基本を学ぼう

文の形

What is this ?
　　動詞　主語

（これは何ですか。）

I know ┃what this is┃.
主語　動詞　　主語　動詞

目的語

（わたしはこれが何かを知っています。）

〈疑問詞が主語の場合〉

What is here?
主語　動詞

（ここに何がありますか。）

I know ┃what is here┃.
主語　動詞　　主語　動詞

目的語

（わたしはここに何があるのかを知っています。）

働き

- 疑問詞がつく疑問文を文の目的語として用いることができる。この場合，〈疑問詞＋主語＋be動詞〜〉の語順になる。このような表現を**間接疑問文**という。
- 間接疑問文では，what，who，when，which，howなどの疑問詞で始まる文を使って，いろいろな内容を伝えることができる。
- 疑問詞が主語になる疑問文の場合は，そのままの形で間接疑問文になる。

単語力 UP

■間接疑問文の疑問詞の意味

① what 〜　　〜が何なのか
② who 〜　　〜がだれなのか
③ when 〜　　〜がいつなのか
④ which 〜　　〜がどれなのか
⑤ where 〜　　〜がどこなのか
⑥ how 〜　　どのように〜なのか

■間接疑問文を目的語にとる動詞

① know　　　知っている
② tell　　　教える
③ ask　　　たずねる
④ understand　理解する
⑤ learn　　　学ぶ

基礎を固めよう

1. 次の英文の日本語として適切なものを選び，記号で答えましょう。

① わたしはここに何があるか知っています。

    ア I know what is here.
    イ I know what is here?   (   )

② わたしはこれが何か知っています。

    ア I know what this is.
    イ I know what is this.   (   )

2. 次の文を日本語にしましょう。

① I know what is in the bag.
わたしは (   )。

② I know where the book is.
わたしは (   )。

③ I know why you are busy.
わたしは (   )。

④ I don't know who he is.
わたしは (   )。

> 2①は疑問詞whatがisに対する主語になっているよ。

解答
1. ① ア   ② ア
2. ①わたしは（かばんの中に何があるか知っています）。②わたしは（その本がどこにあるか知っています）。
③わたしは（あなた（たち）がなぜ忙しいか知っています）。④わたしは（彼がだれであるか知りません）。

1 次の文を日本語にしましょう。

① I know what is on the table.

（　　　　　　　　　　　　　　　　　　　　　　　　）

② Does your mother know who the woman is?

（　　　　　　　　　　　　　　　　　　　　　　　　）

③ I don't know who he is.

（　　　　　　　　　　　　　　　　　　　　　　　　）

④ Do you know why she is happy?

（　　　　　　　　　　　　　　　　　　　　　　　　）

2 次の（　　）の語〔句〕を並べかえて，意味の通る文にしましょう。

① (you / why / I / know / sad / are / .)

_____

② (what / know / here / you / is / .)
間接疑問の中でwhatが主語

_____

③ (know / I / is / what / don't / in the box / .)
間接疑問の中でwhatが主語

_____

④ (who / you / is / do / she / know / ?)

_____

 間接疑問の中で疑問詞が主語の場合は，語順はかわらないよ。

1 次の文を（　　）の語句を使って，間接疑問文にしましょう。

① When is your birthday?　　　　　(I know)

I know _____.

② What is on the desk?　　　　　(I know)

間接疑問の中でwhatが主語

I know _____.

③ What is this bird?　　　　　(I don't know)

I don't know _____.

④ Who is she?　　　　　(Do you know)

Do you know _____?

2 次の文を英語にしましょう。

① あなたは，だれですか。

_____

② わたしは，あなたがだれか知っています。

_____

③ あなたのかばんの中に何がありますか。

_____

④ わたしはあなたのかばんの中に何があるか知りません。

_____

間接疑問文(2)〈一般動詞・助動詞〉

文の形

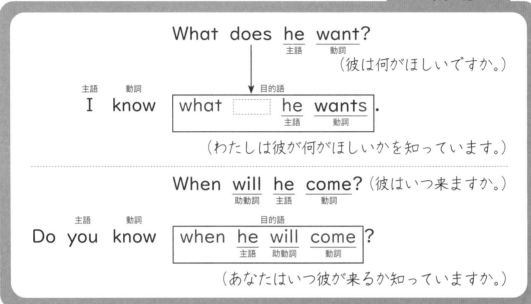

What does he want?
主語 動詞
（彼は何がほしいですか。）

主語　動詞　　　　　　　　目的語
I know | what ⟶ he wants |.
　　　　　　　　　　主語　動詞

（わたしは彼が何がほしいかを知っています。）

When will he come?（彼はいつ来ますか。）
助動詞 主語 動詞

主語　　動詞　　　　　　　目的語
Do you know | when he will come |?
　　　　　　　　主語 助動詞 動詞

（あなたはいつ彼が来るか知っていますか。）

働き

- 疑問詞がつく疑問文を文の目的語として用いることができる。この場合，〈疑問詞＋主語＋一般動詞～〉の語順になる。このような表現を間接疑問文という。
- 一般動詞の現在形の間接疑問文では「主語＋動詞」になるので does〔do〕はなくなる。
- 間接疑問文で助動詞を使う場合は，〈疑問詞＋主語＋助動詞＋動詞の原形〉の語順になる。
- 3人称単数現在の場合，動詞の形に注意。

もっと
くわしく

■疑問詞が主語になる疑問文の場合は，そのままの形で間接疑問文になる。

　　　　　　主語
　　　　Who can do it?
　　　　↓　　　　　　　（だれがそれをすることができますか。）
I know who can do it.
　　　（あなたはだれがそれをすることができるか知っています。）

基礎を固めよう

1. 次の日本語の英文として適切なものを選び，記号で答えましょう。

① わたしは彼が何を勉強したか知っています。

　　ア I know what did he studied.
　　イ I know what he studied.　　　　　　　(　　)

② わたしは彼がいつ来るか知っています。

　　ア I know when he will come.
　　イ I know when will he come.　　　　　　(　　)

2. 次の文を日本語にしましょう。

① I know when you go to school.
わたしは (　　　　　　　　　　　　　　　　　　)。

② I know what she can do.
わたしは (　　　　　　　　　　　　　　　　　　)。

③ I don't know where she lives.
わたしは (　　　　　　　　　　　　　　　　　　)。

④ Do you know why he came here?
あなたは (　　　　　　　　　　　　　　　　　　)。

解答
1. ① イ　② ア
2. ①わたしは(あなた(たち)がいつ学校に行くか知っています)。②わたしは(彼女が何をすることができるか
　知っています)。③わたしは(彼女がどこに住んでいるか知りません)。④あなたは(彼がなぜここに来たか
　知っていますか)。

1 次の文を日本語にしましょう。

① I know who cleaned the room.
　　間接疑問の中でwhoが主語

（　　　　　　　　　　　　　　　　　　　　）

② He knows when she got up.

（　　　　　　　　　　　　　　　　　　　　）

③ Kumi wants to know why he studied English.

（　　　　　　　　　　　　　　　　　　　　）

④ I don't understand what Ken will do.

（　　　　　　　　　　　　　　　　　　　　）

2 次の（　　）の語〔句〕を並べかえて，意味の通る文にしましょう。

① (had / what / I / know / you / .)

_____

② (knows / they / she / can / what / do / .)

_____

③ (what / you / wants / do / know / he / ?)

_____

④ (me / are / please tell / you / why / sad / .)

_____

1 次の文を（　　）の語を使って，間接疑問文にしましょう。

① When do you go there?　　　（ I know ）

I know _____.

② Where does she live?　　　（ He knows ）
3単現に注意

He knows _____.

③ What did he have?　　　（ She doesn't know ）
過去形に注意

She doesn't know _____.

④ Who came here?　　　（ They don't know ）
間接疑問の中でwhoが主語

They don't know _____.

2 次の文を英語にしましょう。

① 彼女はいつ寝ましたか。

_____

② わたしは彼女がいつ寝たか知っています。

_____

③ 彼女はどこに行きましたか。

_____

④ わたしは彼女がどこに行ったか知りません。

_____

間接疑問の中で疑問詞が主語の場合は，語順が
かわらなかったね。

基本を学ぼう

文の形

〈前の文がbe動詞の文のとき〉

He is busy, isn't he ?　　　　　　　（彼は忙しいですよね。）

〈前の文が一般動詞の文のとき〉

She studies Japanese, doesn't she ?

（彼女は日本語を勉強しますよね。）

〈前の文が助動詞の文のとき〉

Ken can play tennis, can't he ?

（ケンはテニスをすることができますよね。）

働き

- 話し相手に「～ですよね？」と確認や同意を求めたいときには，〈～，don't ＋代名詞？〉や〈～，isn't＋代名詞？〉を使う。このような疑問文を付加疑問文という。
- 前の文と時制や人称をそろえて否定の短縮形と代名詞を使う。
- 前の文が**一般動詞**のとき，前の文に〈～，don't[doesn't/didin't]＋代名詞？〉を続ける。
- 前の文が**be動詞**のとき，前の文に〈～，aren't[isn't/wasn't/weren't]＋代名詞？〉を続ける。

もっとくわしく

■前の文が否定文の場合は，肯定文と代名詞の2語を続ける。

It isn't raining now, is it ?　（今，雨が降っていませんよね。）

You don't dance, do you ?　（あなたは踊りませんよね。）

基礎を固めよう

1. 次の英文の日本語として適切なものを選び，記号で答えましょう。

① You are busy, aren't you?

ア あなたは忙しいですよね。
イ あなたは忙しくないですよね。 （　　　）

② He goes to the pool, doesn't he?

ア 彼はプールに行きますよね。
イ 彼はプールに行きませんよね。 （　　　）

2. 次の文を日本語にしましょう。

① You aren't noisy, are you?
あなたは （　　　　　　　　　　　　　　）。

② Bill cannot speak Japanese, can he?
ビルは （　　　　　　　　　　　　　　）。

③ She was kind, wasn't she?
彼女は （　　　　　　　　　　　　　　）。

④ They clean the rooms, don't they?
彼らは （　　　　　　　　　　　　　　）。

 付加疑問文は文のどこかに否定が入るよ。

 解答
1. ① ア ② ア
2. ①あなたは（騒がしくありませんよね）。 ②ビルは（日本語を話せませんよね）。
③彼女は（親切でしたよね）。 ④彼らは（部屋をそうじしますよね）。

1 次の文を日本語にしましょう。

① You are kind, aren't you?

(   )

② Ben is speaking Japanese, isn't he?
現在進行形

(   )

③ Emi didn't study English, did she?
過去形

(   )

④ They can swim, can't they?

(   )

2 次の（　　）の語〔句〕を並べかえて，意味の通る文にしましょう。

① (busy / he / yesterday / was / wasn't he / , / ?)

_____

② (teaches / doesn't she / Emma / English / , / ?)

_____

③ (are / tennis / you / playing / aren't you / , / ?)

_____

④ (hard / worked / Ken / didn't he / , / ?)

_____

コンマのあとの主語は人の名前の代わりに，
人称代名詞（he, sheなど）がくるよ。

1 次の文の下線部に適切な語を入れて，付加疑問文にしましょう。

① He is noisy, ＿＿＿＿＿ ＿＿＿＿＿?

② Ben is studying Japanese, ＿＿＿＿＿ ＿＿＿＿＿?

③ Emi didn't go to the library, ＿＿＿＿＿ ＿＿＿＿＿?

④ Ben and Emi played tennis, ＿＿＿＿＿ ＿＿＿＿＿?
主語が複数

2 次の文を英語にしましょう。

① 今日は暑くありません。

＿＿＿＿＿＿＿＿＿＿＿＿＿＿＿＿＿＿＿＿＿＿＿＿＿＿

② 今日は暑くありませんよね。

＿＿＿＿＿＿＿＿＿＿＿＿＿＿＿＿＿＿＿＿＿＿＿＿＿＿

③ 彼はピアノをひくことができます。

＿＿＿＿＿＿＿＿＿＿＿＿＿＿＿＿＿＿＿＿＿＿＿＿＿＿

④ 彼はピアノをひくことができますよね。

＿＿＿＿＿＿＿＿＿＿＿＿＿＿＿＿＿＿＿＿＿＿＿＿＿＿

1 次の文の(　　)から適するものを選び, 下線部に書きましょう。

(各1点×7＝7点)

① He told ＿＿＿＿＿＿ to go to bed.　　(I, me)

② You can't swim, ＿＿＿＿＿＿ you?　(can, can't)

③ Ken wanted you to ＿＿＿＿＿＿ the room.
(clean, cleans)

④ I know ＿＿＿＿＿＿ is in the box.　(what, who)

⑤ Mary speaks Japanese, ＿＿＿＿＿＿ she?
(does, doesn't)

⑥ This is your bag, isn't ＿＿＿＿＿＿?　(it, this)

⑦ They don't know ＿＿＿＿＿＿ came here.
(where, who)

2 次の文を (　　) の語句を使って, 間接疑問文にしましょう。

(各2点×4＝8点)

① What is under the table?　　(I know)

I know ＿＿＿＿＿＿＿＿＿＿＿＿＿＿＿＿＿.

② Why is he sad?　　(Do you know)

Do you know ＿＿＿＿＿＿＿＿＿＿＿＿＿?

③ Where did he work?　　(I don't know)

I don't know ＿＿＿＿＿＿＿＿＿＿＿＿＿.

④ Who cleaned the room?　　(I know)

I know ＿＿＿＿＿＿＿＿＿＿＿＿＿＿＿.

3 次の日本語に合うように，下線部に適切な語を入れましょう。

（各4点×4＝16点）

① わたしは彼に来るように言いました。

I _____ him _____ come.

② 彼らに待つように頼みましょう。

Let's _____ them _____ wait.

③ わたしはこれが何か知っています。

I know _____ _____ is.

④ わたしは彼が何がほしいか知りません。

I don't know _____ he _____.

4 次の（　　）の部分を英語にして，英文を完成させましょう。

（各5点×4＝20点）

① I（そこに行きたい）．

I _____.

② I（あなたにそこに行ってほしい）．

I _____.

③ He knows（あなたがなぜ忙しいのか）．

He knows _____.

④ She doesn't know（彼がどこで働いているのか）．

She doesn't know _____.

5 次の文のあやまりをなおして，正しい英文にしましょう。

(各4点×3＝12点)

① We like to plays volleyball.

_____

② I asked they to write in English.

_____

③ Bob knows who she had.

_____

6 次の下線部に適切な語を入れて，文を完成させましょう。

(各4点×4＝16点)

① わたしはあなたに窓を開けてくれるように頼みました。

I _____ you _____ open the window.

② 彼は彼女にそこに行ってほしい。

He _____ her _____ go there.

③ わたしはかばんの中に何があるか知っています。

I know _____ _____ in the bag.

④ これはあなたの自転車ではないですよね。

This isn't your bike, _____ _____?

7 次の（　）の語を並べかえて，意味の通る文にしましょう。

① わたしはアヤがケーキをつくるのを手伝います。
I will (Aya / help / make) a cake.

I will ＿＿＿＿＿＿＿＿＿＿＿＿＿＿＿.

② わたしの両親はわたしにテレビゲームをさせてくれません。
My parents don't (play / me / let) video games.

My parents ＿＿＿＿＿＿＿＿＿＿＿＿＿＿＿.

③ この話は子どもたちを泣かせました。
This (children / made / story / cry).

This ＿＿＿＿＿＿＿＿＿＿＿＿＿＿＿.

8 次の文を日本語にしましょう。　　

① Ami always makes her friends laugh.
（　　　　　　　　　　　　　　　　　　　　　　　）

② Yuta helped me do my homework.
（　　　　　　　　　　　　　　　　　　　　　　　）

③ My father let me use his new bike.
（　　　　　　　　　　　　　　　　　　　　　　　）

Did you know?

日本の幽霊は足がなく，夏の夜に現れるようですが，英米の幽霊（ghost）は冬の暖炉の前に現れるようです。そのghostには足があるので，「幽霊が出る」は The ghost walks. と表現します。

疑問詞＋不定詞

基本を学ぼう

They know　how　to swim　.

（彼らは泳ぎ方を知っています。）

He knows　what　to study　.

（彼は何を勉強すればよいか知っています。）

I don't know　where　to go　.

（わたしはどこへ行けばよいかわかりません。）

I know　when　to start　.

（わたしはいつ出発すればよいか知っています。）

- how, what, where, whenなどの疑問詞のあとに〈to＋動詞の原形〉を続けると，いろいろな意味を表す。
- 「〜のしかた」，「〜をする方法」を伝えたいときは，how to〜を使う。
- 「何を〜すればよいか」と伝えたいときは，what to〜を使う。
- 「どこで〜すればよいか」と伝えたいときは，where to〜を使う。
- 「いつ〜すればよいか」と伝えたいときは，when to〜を使う。

もっとくわしく

■ 〈tell [ask]＋人＋疑問詞＋to〜〉などの文

We told you　how to　get to the station.

（わたしたちはあなたに駅への行き方を話しました。）

He asked me　where to　sit.

（彼はわたしにどこにすわればよいかたずねました。）

基礎を固めよう

1. 次の英文の日本語として適切なものを選び，記号で答えましょう。

① I know what to buy.

　ア　わたしはどこで買ったらよいか知っています。
　イ　わたしは何を買えばよいか知っています。　　　　（　　）

② He knows how to play tennis.

　ア　彼はテニスのしかたを知っています。
　イ　彼はどこでテニスをしたらよいか知っています。　（　　）

2. 次の文を日本語にしましょう。

① He knows where to go.
彼は（　　　　　　　　　　　　　　　　　）。

② She knows what to do.
彼女は（　　　　　　　　　　　　　　　　　）。

③ We know when to begin it.
わたしたちは（　　　　　　　　　　　　　　　　　）。

④ They know how to make the bench.
彼女らは（　　　　　　　　　　　　　　　　　）。

解答
1. ① イ　② ア
2. ①彼は（どこに行けばよいか知っています）。　　　②彼女は（何をすればよいか知っています）。
　③わたしたちは（いつそれを始めればよいか知っています）。
　④彼女らは（ベンチの作り方を知っています）。

1 次の文を日本語にしましょう。

① I know when to drink water.

( )

② You know where to play the guitar.

( )

③ He knows what to cook.

( )

④ We know how to use a computer.

( )

2 次の（　）の語〔句〕を並べかえて，意味の通る文にしましょう。

① (where / know / I / buy it / to / .)

_____

② (you / to / start / know / when / .)

_____

③ (knows / to / Ken / what / do / .)

_____

④ (Ken and Kumi / how to / know / cook / *okonomiyaki* / .)

_____

1 次の日本語に合うように，下線部に適切な語を入れましょう。

① I know ＿＿＿＿＿＿ ＿＿＿＿＿＿ see in Kyoto.
（わたしは京都で何を見ればよいか知っています）

② He knows ＿＿＿＿＿＿ ＿＿＿＿＿＿ go.
（彼はどこに行けばよいか知っています）

③ She knows ＿＿＿＿＿＿ ＿＿＿＿＿＿ start.
（彼女はいつ出発すればよいか知っています）

④ They learn ＿＿＿＿＿＿ ＿＿＿＿＿＿ cook *sukiyaki*.
（彼らはすきやきの料理のしかたを習います）

2 次の文を英語にしましょう。

① わたしはいつ起きればよいか知っています。

＿＿＿＿＿＿＿＿＿＿＿＿＿＿＿＿＿＿＿＿

② あなたは何を勉強すればよいか知っています。

＿＿＿＿＿＿＿＿＿＿＿＿＿＿＿＿＿＿＿＿

③ 彼はどこで野球をすればよいか知っています。

＿＿＿＿＿＿＿＿＿＿＿＿＿＿＿＿＿＿＿＿

④ わたしたちは料理のしかたを習いました。
過去の文

＿＿＿＿＿＿＿＿＿＿＿＿＿＿＿＿＿＿＿＿

主語＋call＋目的語＋補語

基本を学ぼう

文の形

I call her（目的語） Mary（補語）.
（わたしは彼女をメアリーと呼びます。）

I named the bird（目的語） Piko（補語）.
（わたしはその鳥をピコと名づけました。）

I make him（目的語） happy（補語）. （わたしは彼を幸せにします。）

働き

・人やものについて「AをBと呼びます」というように呼び方を伝えたいときは，「～を呼ぶ」という意味の動詞callを使う。

・人やものについて「AをBと名づけます」というように名前を伝えたいときは，「～に名前をつける」という意味の動詞nameを使う。

・動詞makeには，「作る」という意味のほかに「～（な状態・気持ち）にする」という意味がある。「make A（～を）B（～に）」は「AをBにする」という意味になる。

・Aに代名詞がくるときは目的格になる。

上の例文では，her＝Maryで同じ人，the bird＝Pikoで同じ鳥，him＝happyで同じ人。だから，AとBはイコールの関係にあるというんだよ。Aを目的語，Bは補語といって補語には前の目的語の呼び名や様子・状態などを説明するはたらきがあるよ。

■代名詞の目的格

	単数	複数
1人称	me （わたしを）	us （わたしたちを）
2人称	you （あなたを）	you （あなたたちを）
3人称	him（彼を） her（彼女を） it（それを）	them （彼らを，彼女らを， それらを）

基礎を固めよう

1. 次の英文の日本語として適切なものを選び，記号で答えましょう。

① I call her Kumi.

    ア わたしは彼女をクミと呼びます。
    イ わたしはクミを彼女と呼びます。　　　　　　　（　　　）

② He named the cat Tama.

    ア 彼はそのネコをタマと名づけます。
    イ 彼はそのネコをタマと名づけました。　　　　　（　　　）

2. 次の文を日本語にしましょう。

① I call you Yuta.
わたしは（　　　　　　　　　　　　　　　　）。

② Please call me Ken.
命令文
わたしを（　　　　　　　　　　　　　　　　）。

③ The news made me sad.
その知らせは（　　　　　　　　　　　　　　）。

④ Emi named the doll Cathy.
エミは（　　　　　　　　　　　　　　　　　）。

 解答

1. ① ア　② イ
2. ①わたしは（あなたをユウタと呼びます）。　　②わたしを（ケンと呼んでください）。
　③その知らせは（わたしを悲しませました）。　④エミは（その人形をキャシーと名づけました）。

97

1 次の文を日本語にしましょう。

① I call you Emi.

(　　　　　　　　　　　　　　　　　　　　　　)

② They called him Ken.
過去の文

(　　　　　　　　　　　　　　　　　　　　　　)

③ The present made her happy.

(　　　　　　　　　　　　　　　　　　　　　　)

④ The song made me sad.

(　　　　　　　　　　　　　　　　　　　　　　)

2 次の（　　）の語〔句〕を並べかえて，意味の通る文にしましょう。

① (Ben / you / I / called / .)

_____

② (called / Yuta / you / him / .)

_____

③ (I / you / Ami / named / .)

_____

④ (named / Koro / they / the dog / .)

_____

1 次の（　　）の語〔句〕を適切な部分に入れて，文を完成させましょう。

① I call Tom.　　　　　　　(him)

_____

② He made sad.　　　　　　(her)

_____

③ She named Ami.　　　　　(the baby)

_____

④ We named Koro.　　　　　(the dog)

_____

2 次の文を英語にしましょう。

① わたしはあなたをケンと呼びます。

_____

② 彼は彼女をクミと呼びます。
　　3人称単数現在

_____

③ 彼女は彼をユウタと名づけます。

_____

④ わたしたちはその赤ちゃんを幸せにしました。
　　過去の文

_____

it の特別用法

文の形

It is easy to read Japanese.

（日本語を読むことはやさしいです。）

It is important for me to study English.

（わたしにとって英語を勉強することは大切です。）

働き

・「～することは…です」のように伝えたいときは，〈It is…to ～〉という表現になる。It is＋形容詞。（名詞）のあとにto＋動詞の原形を続ける。

・「わたしにとって」，「彼にとって」のように，だれにとってのことなのか情報を加えたいときは，toの前に〈for＋（人）〉を置き，〈It is…for（人）to ～ .〉の形になる。

・〈for＋（人）〉を置くことで，その行為をする人をはっきりさせる。人が代名詞の場合はme，usなどの目的格を使う。

もっとくわしく

① 否定文（be動詞のあとにnotを入れる）

It is not easy for me to write in Japanese.

（わたしにとって日本語で書くことはやさしくありません。）

② 疑問文（be動詞を文のいちばん初めに置く）

Is it easy for you to write in Japanese ?

（あなたにとって日本語で書くことはやさしいですか。）

単語力～UP

■It is…for(人)to ～ .でよく使われる形容詞と名詞

① easy　　　　簡単な

② difficult　　難しい

⑤ interesting　おもしろい

⑥ important　大切な

⑦ necessary　必要な

⑧ fun　　　　おもしろいこと

基礎を固めよう

1. 次の英文の日本語として適切なものを選び，記号で答えましょう。

① It is easy to play tennis.

ア テニスをすることはやさしいです。
イ それはやさしい。テニスをすることは。 （　　　）

② It is difficult for him to use a computer.

ア それはむずかしい。彼にとってコンピュータを使うことは。
イ 彼にとってコンピュータを使うことはむずかしいです。 （　　　）

2. 次の文を日本語にしましょう。

① It is interesting to dance.
（　　　　　　　　　　　　　　　　　　　　　　　　　　）おもしろい。

② It is important to study English.
（　　　　　　　　　　　　　　　　　　　　　　　　　　）大切です。

③ It is hard to run every day.
（　　　　　　　　　　　　　　　　　　　　　　　　　　）つらいです。

④ It is necessary for me to read books.
（　　　　　　　　　　　　　　　　　　　　　　　　　　）必要です。

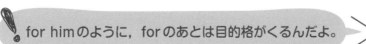 for himのように，forのあとは目的格がくるんだよ。

 解答
1. ① ア　② イ
2. ① （ダンスをすることは）おもしろいです。　② （英語を勉強することは）大切です。
　 ③ （毎日走ることは）つらいです。　④ （わたしにとって本を読むことは）必要です。

リピートプリント ㉟

1 次の文を日本語にしましょう。

① To swim is easy.
不定詞が主語
(　　　　　　　　　　　　　　　　　　　　)

② Swimming is difficult.
動名詞が主語
(　　　　　　　　　　　　　　　　　　　　)

③ It is easy for you to swim.
Itは形式主語
(　　　　　　　　　　　　　　　　　　　　)

④ It is hard for him to get up early.
(　　　　　　　　　　　　　　　　　　　　)

2 次の文を〔　　〕の語〔句〕を使って，英語にしましょう。

① 早く起きることはよいことです。　　　　　　(It, early)

_____

② 英語を話すことはむずかしいです。　　　　　(It, hard)

_____

③ 彼にとって走ることはおもしろいです。　　　(It, interesting)

_____

④ わたしたちにとって老人を助けることは大切です。
　　　　　　　　　　　　　　　(It, important, old people)

_____

「to＋動詞の原形」が主語になることはあまりないよ。
その代わりにitを主語にするんだ。

1 次の文を It is … to ～を使って書きかえましょう。

① To play tennis is easy.

_____

② To use a computer is difficult.

_____

③ To read books is useful.

_____

④ Skiing is easy.

_____

2 次の文を指示に従って，英語で書きかえましょう。

英語を勉強することは大切です。

① 不定詞を主語にして

_____

② 動名詞を主語にして

_____

③ 形式主語 It を使って

_____

仮定法(1)

基本を学ぼう

be動詞の仮定法	〈現実を表す文〉	He is not here. （彼はここにいません。）
		is の過去形は was だが仮定法では were を使う
	〈仮定法〉	I wish he were here.
		（彼がここにいたらいいのに。）
一般動詞の仮定法	〈現実を表す文〉	I don't have a car.
		（わたしは車を持っていません。）
		haveの過去形had
	〈仮定法〉	I wish I had a car.
		（車を持っていたらいいのに。）
助動詞の仮定法	〈現実を表す文〉	I can't speak Chinese.
		（わたしは中国語が話せません。）
		現実とは異なる願望は過去形
	〈仮定法〉	I wish I could speak Chinese.
		（中国語を話せたらいいのに。）
	〈現実を表す文〉	He won't come tonight.
		（彼は今夜来ません。）
		現実とは異なる願望は過去形
	〈仮定法〉	I wish he would come tonight.
		（彼が今夜来れたらいいのに。）

働き

- 「だったらいいのに」と現実とは異なる願望を伝えたいときは，動詞wish（願う）を使う。
- 〈 I wish+主語+wereまたは一般〔助〕動詞の過去形～ .〉の形になり，このような言い方を現実とは異なる仮定を述べる意味で**仮定法**という。
- どんな主語でもbe動詞はwere，動詞・助動詞なら**過去形**を使う。

■助動詞

現在	can→can't / will→won't	過去	could→couldn't would→wouldn't

基礎を固めよう

1. 次の英文の日本語として適切なものを選び，記号で答えましょう。

① I wish I could speak English.

    ア　英語が上手に話せてうれしい。

    イ　英語が話せたらいいのに。　　　　　　　　（　　　）

② I wish I were a bird.

    ア　わたしが鳥だったらいいのに。

    イ　わたしは鳥になりたい。　　　　　　　　（　　　）

2. 次の文を日本語にしましょう。

① I wish my dog could talk.
わたしの犬が（　　　　　　　　　　　　　　　）。

② I wish my aunt lived in Japan.
わたしのおばが（　　　　　　　　　　　　　　　）。

③ I wish I were good at tennis.
わたしが（　　　　　　　　　　　　　　　）。

④ I wish I had a sister.
わたしに（　　　　　　　　　　　　　　　）。

1. ① イ　② ア
2. ①わたしの犬が（話せたらいいのに）。　　②わたしのおばが（日本に住んでいたらいいのに）。
  ③わたしが（テニスが上手だったらいいのに）。　④わたしに（姉[妹]がいたらいいのに）。

1 次の日本語に合うように，（　）の中の語[句]を並べかえて文を完成させましょう。

① 月に行くことができたらいいのに。
I wish (go / could / I / the moon / to).

＿＿＿＿＿＿＿＿＿＿＿＿＿＿＿＿＿＿＿＿＿＿＿＿＿

② もっと速く泳ぐことができたらいいのに。
I wish (swim / faster / could / I).

＿＿＿＿＿＿＿＿＿＿＿＿＿＿＿＿＿＿＿＿＿＿＿＿＿

③ ケンがここに来れたらいいのに。
I wish (would / Ken / here / come).

＿＿＿＿＿＿＿＿＿＿＿＿＿＿＿＿＿＿＿＿＿＿＿＿＿

2 次の日本語に合うように，下線部に適切な語を入れましょう。

① 一日中寝ることができたらいいのに。

I ＿＿＿＿＿＿ I ＿＿＿＿＿＿ ＿＿＿＿＿＿ all day.

② 毎日アイスクリームが食べることができたらいいのに。

I wish I ＿＿＿＿＿＿ ＿＿＿＿＿＿ ice cream every day.

③ あなたがわたしの兄だったらいいのに。

I ＿＿＿＿＿＿ you ＿＿＿＿＿＿ my brother.

1② 「もっと速く」はfasterを文末に置くよ。

1 次の文の（　　）から適するものを選び, 記号を○で囲みましょう。

① I wish I（ア am　イ is　ウ was　エ were）good at baseball.

② I wish he（ア is　イ am　ウ was　エ were）my boyfriend.

③ I wish I（ア can　イ could　ウ will　エ would）speak Chinese.

2 次の文を英語にしましょう。

① わたしはサッカーが上手にできたらいいのに。

_____

② わたしがもっと若ければいいのに。

_____

③ お金がたくさんあればいいのに。

_____

2 ② 「もっと若い」は比較級youngerになるよ。
③ 「お金がたくさん」はa lot of moneyになるよ。

STEP 22 仮定法(2)

基本を学ぼう

文の形

If I were free, I could go to the party.
_{過去形}

（もしひまだったら，わたしはそのパーティに行くことができるのに。）

If it were fine, I would play soccer.
_{過去形}

（もし晴れていたら，わたしはサッカーをするのに。）

働き

- 「もし～だったら，…なのに」と現実とは異なることについて伝えたいときは，ifを使う〈if＋主語＋動詞の過去形，主語＋would〔could/might〕＋動詞の原形…〉。
- 仮定法のifの文では，be動詞は主語が何であってもwereを使う。

■ifを使った仮定法の文

If I were ～, I ＋
「もしわたしが～だったら」,

| would（willの過去形）「…するのに」 |
| could（canの過去形）「…できるのに」 | ＋ 動詞の原形…
| might（mayの過去形）「…かもしれないのに」 |

もっとくわしく

■条件を表すifとの違い

If it is fine tomorrow, we will play soccer.

（もし明日晴れれば，わたしたちはサッカーをします。）

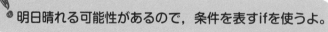
明日晴れる可能性があるので，条件を表すifを使うよ。

If it were fine, I would play soccer.

（もし晴れていたら，わたしたちはサッカーをするのに。）

晴れていないときに，「もし晴れていれば」と現在の事実と違う仮定を表しているので，仮定法を使うよ。

基礎を固めよう

1. 次の英文の日本語として適切なものを選び，記号で答えましょう。

① If I were rich, I could buy a new bike.

ア　もしわたしがお金持ちだったら，新しい自転車を買うことができるのに。
イ　お金持ちだったので，新しい自転車を買うことができました。

（　　）

② If it rained, we would stay home.

ア　もし雨が降れば，わたしたちは家にいるだろう。
イ　もし雨が降っていたら，わたしたちは家にいただろうに。

（　　）

2. 次の文を日本語にしましょう。

① If I had a tennis racket, I could play tennis.

もしわたしが（　　　　　　　　　　　　　　　　　　　）。

② If I were you, I would eat breakfast.

もしわたしが（　　　　　　　　　　　　　　　　　　　）。

③ If I didn't have a cold, I could go skiing.

もしわたしが（　　　　　　　　　　　　　　　　　　　）。

④ If he were here, I would give him a present.

もし彼が（　　　　　　　　　　　　　　　　　　　）。

解答

1. ① ア　② イ
2. ①もしわたしが（テニスのラケットを持っていたら，テニスができるのに）。
   ②もしわたしが（あなただったら，朝食を食べるのに）。
   ③もしわたしが（かぜをひいていなければ，スキーに行けるのに）。
   ④もし彼が（ここにいたら，わたしは彼にプレゼントをあげるのに）。

1 次の文の（　　）から適するものを選び，記号を○で囲みましょう。

① If I were free, I（ア can　イ could）go shopping.

② If I（ア have　イ had）wings, I（ア can　イ could）fly.

③ If my brother（ア likes　イ liked）soccer, I would play it with him.

2 次の日本語に合うように，下線部に適切な語を入れましょう。

① もし学校の近くに住んでいたら，わたしはバスで学校に行かないのに。

If I lived near my school, I ＿＿＿＿＿ go to school by bus.

② もし雨が降っていなければ，わたしは公園に行くのに。

If it weren't raining, I ＿＿＿＿＿ go to the park.

③ もしスマートフォンを持っていたら，写真を撮ることができるのに。

If I ＿＿＿＿＿ my smartphone, I ＿＿＿＿＿ take pictures.

④ もしわたしがあなただったら，彼女に夕食をつくるのに。

If I ＿＿＿＿＿ you, I ＿＿＿＿＿ cook her dinner.

1 次の日本語に合うように，（　　）の中の語(句)を並べかえて文を完成させましょう。

① もしもっとお金があったら，このドレスを買うのに。
(more / if / money / had / I)，I would buy this dress.

_____

② もしわたしが鳥だったら，世界中を飛び回れるのに。
If I were a bird, (all over the world / could / I / fly).

_____

③ もしパスワードを知っていたら，このファイルを開けられるのに。
(I / if / knew /the password)，I could open this file.

_____

④ もしわたしが泳げたら，サーフィンに挑戦するのに。
(could / I / swim / if)，I would try surfing.

_____

2 次の文を（　　）の指示に従って，下線部に適切な語を入れましょう。

① If I were not busy, I could watch TV.
（ほぼ同じ意味を表す文に）

I _____ busy, so I _____ watch TV.

② もし明日雨が降れば，わたしたちは家にいるだろう。（日本文を英語に）

If it _____ tomorrow, we _____ _____ home.

確認テスト4

1 次の文の(　　)から適するものを選び，下線部に書きましょう。

(各1点×7＝7点)

① I know what ＿＿＿＿＿＿＿＿＿＿.　　　(to buy, buy)

② He learned how to ＿＿＿＿＿＿.　(cook, cooks)

③ It is interesting ＿＿＿＿＿＿＿ books.

(read, to read)

④ It is important for ＿＿＿＿＿＿ to study English.

(we, us)

⑤ She knows ＿＿＿＿＿＿ to drive a car.

(how, why)

⑥ Emi is loved ＿＿＿＿＿＿ Taro.　　　(by, of)

⑦ I think ＿＿＿＿＿＿ he is a teacher.(that, what)

2 次の日本語に合うように，下線部に適切な語を入れましょう。

(各4点×4＝16点)

① わたしは彼をビルと呼びます。

I call ＿＿＿＿＿＿ ＿＿＿＿＿＿.

② 彼女は料理のしかたを知っていますか。

Does she know ＿＿＿＿＿＿ ＿＿＿＿＿＿ cook?

③ わたしは彼を幸せにしました。

I made ＿＿＿＿＿＿ ＿＿＿＿＿＿.

④ テニスをすることはおもしろい。

＿＿＿＿＿＿ is interesting ＿＿＿＿＿＿ play tennis.

3 次の( )の語[句]を並べかえて，意味の通る文にしましょう。

（各4点×4＝16点）

① 大阪は何時ですか。　(time / it / what / is / in Osaka / ?)

_____

② わたしはあなたをトムと呼びます。　(I / you / call / Tom / .)

_____

③ 本を読むことは役に立ちます。

(is / to / it / useful / read books / .)

_____

④ 彼はいつそれを始めたらよいか知っています。

(he / to / it / when / begin / knows / .)

_____

4 次の文を It is ～ to …を使って書きかえましょう。

（各4点×4＝16点）

① To play the violin is easy.

_____

② To get up early is hard.

_____

③ To study Japanese is necessary.

_____

④ To teach English is difficult.

_____

5 次の文を日本語にしましょう。 （各3点×4＝12点）

① Using a computer is easy.

( )

② Studying Chinese is necessary.

( )

③ It is interesting to play volleyball.

( )

④ It is useful to study history.

( )

6 次の（ ）の語を並べかえて，意味の通る文にしましょう。

（各3点×3＝9点）

① I know (use / how / to) the camera.

I know _____ _____ _____ the camera.

② It is (me / important / for) to study English.

It is _____ _____ _____ to study English.

③ I like (tennis / play / to).

I like _____ _____ _____.

7 次の日本語に合うように，下線部に適切な語句を入れましょう。

(各4点×3＝12点)

① ピアノをひけたらいいのに。

I wish I _____.

② ハワイに住んでいたらいいのに。

I wish I _____ in Hwaii.

③ 今日が雨だったらいいのに。

I wish _____ rainy today.

8 次の文のあやまりをなおして，正しい英文にしましょう。

(各4点×3＝12点)

① もしわたしが英語が好きだったら，英語が話せるのに。
If I like English, I can speak it.

_____.

② もしうまくバスケットボールができたら，楽しいだろうに。
If I can play basketball well, it will be fun.

_____.

③ もしわたしに姉がいたら，いっしょに卓球ができるのに。
If I have a sister, I could play table tennis with she.

_____.

so ～ that… / too ～ to…

基本を学ぼう

文の形

I am so busy that I can't help her.

=I can't help her because I am very busy.

=I am very busy, so I can't help her.

=I am too busy to help her.

（わたしはとても忙しいので，彼女を手伝うことができません。）

働き

・so ～ that … の形で「とても～なので…」という意味になる。soは「とても」という意味で，thatは接続詞で，あとには＜主語＋動詞～＞の形が入る。

・so ～ that … の文は，because（～なので），so（だから）などの接続詞を用いて言いかえることができる。

・too ～ to … は「～すぎて…できない［…するには～すぎる］」という言い方で，so ～ that … cannot〔can't〕を用いてほぼ同じ内容を表すことができる。toのあとには動詞の原形が入る。

 接続詞は単語と単語をつなぐ働きをしたり，文と文とつないで１つの文にする働きもあるんだよ。

接続詞	意　　味
if	「もし～ならば」という条件を伝えたいとき
when	「～のとき」と時を伝えたいとき
because	「（なぜなら）～だから」と理由を伝えたいとき
that	「わたしは～と思う」のように考えや意見を伝えたいとき

基礎を固めよう

1. 次の日本語の英文として適切なものを選び，記号で答えましょう。

① わたしはあまりにも空腹すぎて走ることができません。

ア I am not too hungry to run.
イ I am too hungry to run.   (   )

② 彼女はとても年をとっているので速く歩くことができませんでした。

ア She was so old that she can't walk fast.
イ She was so old that she couldn't walk fast.
(   )

2. 次の文を日本語にしましょう。

① I am too old to swim fast.
わたしは (   ) 速く (   )。

② You are too busy to help him.
あなたは (   ) 彼を (   )。

③ Mike is so tired that he cannot run.
マイクは (   ) 彼は (   )。

④ They were too young to drive a car.
彼らは (   )。

解答

1. ① イ ② イ
2. ①わたしは（あまりにも年をとりすぎて）速く（泳ぐことができません）。
②あなたは（あまりにも忙しすぎて）彼を（手伝うことができません）。
③マイクは（とても疲れているので）彼は（走ることができません）。
④彼らは（あまりにも若すぎて車を運転することができませんでした）。

1 次の文を日本語にしましょう。

① I am too tired to help you.

( )

② Ken is too busy to play baseball.

( )

③ Kumi is too young to skate.

( )

④ Ken and Kumi are so tall that they can jump high.

( )

2 次の文を（ ）の指示に従って書きかえましょう。

① I am so tired that I cannot climb the mountain.

(too ～ to …の文に)

_____

② You were so thirsty that you could not run fast.

(too ～ to …の文に)

_____

③ He is too old to climb the mountain.

(so ～ that … cannot の文に)

_____

④ We were too hungry to play baseball.

(so ～ that … couldn't の文に)

_____

1 次の文のあやまりをなおして，正しい英文にしましょう。

① I am to thirsty too walk.

_____

② She is too tired to plays volleyball.

_____

③ He is so busy that he can't help she.

_____

④ We are so hungry that we can swim.

_____

2 次の文を英語にしましょう。

① わたしはのどがかわいています。

_____

② わたしはあまりにものどがかわきすぎて走ることができません。

_____

③ わたしたちは疲れていました。

_____

④ わたしたちはあまりにも疲れていたので速く歩くことができませんでした。

_____

tell〔show〕＋（人）＋that ～ / tell〔show〕＋（人）＋疑問詞＋主語＋動詞

基本を学ぼう

文の形

主語	動詞	目的語	that＋主語＋動詞
I	told	him	that I was busy .

（わたしは彼に，わたしは忙しいと言いました。）

主語	動詞	目的語	that＋主語＋動詞
The book	shows	me	that the news is important .

（その本はわたしに，その知らせが大切であることを示しています。）

主語	動詞	目的語	疑問詞＋主語＋動詞
I	told	him	why I was busy .

（わたしは彼に，なぜ忙しいのか言いました。）

主語	動詞	目的語	疑問詞＋主語＋動詞
He	showed	us	what we should do .

（彼はわたしたちに，何をするべきかを示しました。）

働き

- 〈tell＋（人）＋that ～ .〉で「（人）に～ということを言う」という意味。
- 〈show＋（人）＋that ～ .〉で「（人）に～ということを示す」という意味。
- 伝える内容を具体的に説明したいときは，その対象となる人を置き，接続詞thatのあとに〈主語＋動詞～〉を続ける。
- tellやshowなどが過去形のとき〈that＋主語＋動詞〉の動詞も過去形になることが多い。これを時制の一致という。

単語力 UP

■tellやshowに続く疑問詞を使った表現

① what＋主語＋動詞　何を～か

② where＋主語＋動詞　どこに～か

③ when＋主語＋動詞　いつ～か

④ why＋主語＋動詞　なぜ～か

⑤ how＋主語＋動詞　どのように～か

⑥ who＋主語＋動詞　～がだれか

基礎を固めよう

1. 次の日本語の英文として適切なものを選び，記号で答えましょう。

① 彼はわたしにそのテストは簡単だと言いました。

ア He told me that the test was easy.
イ He tells me that the test is easy. （　　）

② そのグラフはわたしたちに健康は大事であるということを示しています。

ア The graph shows us that health is important.
イ The graph showed us that health was important.

（　　）

2. 次の文を日本語にしましょう。

① She told us where the library was.
彼女は（　　　　　　　　　　　　　　　　　　　）言いました。

② Ken told me that he was going to visit Okinawa.
ケンは（　　　　　　　　　　　　　　　　　　　）言いました。

③ Ben showed us that the data was right.
正しい
ベンは（　　　　　　　　　　　　　　　　　　　）示しました。

④ My mother showed me how she made pancakes.
母は（　　　　　　　　　　　　　　　　　　　）示しました（見せてくれました）。

thatの前が過去の文でも，うしろは現在のように訳すんだよ。

1. ① ア　② ア
2. ①彼女は（わたしたちに図書館がどこにあるのかを）言いました。
　②ケンは（わたしに彼が沖縄を訪れるつもりだと）言いました。
　③ベンは（わたしたちにそのデータが正しいことを）示しました。
　④母は（わたしにどうやってパンケーキを作るのかを）示しました（見せてくれました）。

1 次の（　　）の語〔句〕を並べかえて，日本語に合った文にしましょう。

① 夏休みに何をしたかわたしに言ってください。

Please tell me (did / what / you) in your summer vacation.

Please tell me _____ in your summer vacation.

② 岡田先生はわたしたちがどこに行くのかを言いました。

Mr.Okada told us (we / were going / where).

Mr. Okada told us _____.

2 次の日本語に合うように，下線部に適切な語を入れましょう。

① 彼女はわたしたちに，そのテストは簡単だと言いました。

She told us that the test _____ easy.

② わたしは彼女に朝食は大事だということを言いました。

I _____ _____ that breakfast was important.

③ そのニュースはわたしたちにその動物が人気があることを示しています。

The news shows _____ that the animal

_____ popular.

1 次の文の( )から適するものを選び, 記号を○で囲みましょう。

① Mr. Yamamoto told us where (ア we go イ we were going
ウ we goes).

② My sister showed me (ア if イ what ウ how) she
made pancakes.

③ They show us (ア why is it イ it is why ウ why it is)
important.

④ I told him that (ア I was sad イ I am sad
ウ I were sad).

2 次の日本語に合うように, 下線部に適切な語を入れましょう。

① それらの石はここに川があったことをわたしたちに示しています。

The stones _____ us that there _____
a river here.

② ジムはわたしに, わたしは一人ではないと言いました。

Jim told me that _____ _____ alone.

③ わたしはケイトになぜわたしが幸せなのかを言いました。

I told Kate _____ I _____ happy.

④ その本は私にどのように英語を勉強するのかを示しています。

The book shows me that _____ I _____ English.

基本五文型

文の形

英語の文は，主語（S）動詞（V）補語（C）目的語（O）の文の要素の組み合わせによって5つの文型に分けられる。これを基本五文型という。文の要素以外の語〔句〕は修飾語〔句〕という。

第1文型　主語（S）＋動詞（V）

I swim.　　　　　　　　　　（わたしは泳ぎます。）
S V

He lives in Fukuoka.　　　（彼は福岡に住んでいます。）
S V　　修飾語

第2文型　主語（S）＋動詞（V）＋補語（C）

I am a teacher.　　　　　　（わたしは先生です。）
S V　　C

She is pretty.　　　　　　　（彼女はかわいいです。）
S V　C

第3文型　主語（S）＋動詞（V）＋目的語（O）

I read a book.　　　　　　　（わたしは本を読みます。）
S V　　O

He knows her well.　　　　（彼は彼女をよく知っています。）
S V　O　修飾語

第4文型　主語（S）＋動詞（V）＋目的語（O）＋目的語（O）

I give him a present.　　（わたしは彼にプレゼントをあげます。）
S V　O　　O

She teaches us English.　（彼女はわたしたちに英語を教えます。）
S V　　O　O

第5文型　主語（S）＋動詞（V）＋目的語（O）＋補語（C）

I call him Yuta.　　　　　（わたしは彼をユウタと呼びます。）
S V　O　C

He named the cat Tama.　（彼はそのネコをタマと名づけました。）
S V　　O　　C

　第4文型の文の2つの目的語は＜人＋物＞の語順だが，語順を入れかえて＜物＋to〔for〕＋人＞の第3文型で表すことができる。入試によく出題されるので，注意しよう。

　　I gave her a present.（わたしは彼女にプレゼントをあげました。）
　　　　　　　人　　　物

＝I gave a present to her.
　　　　　物　　　　　人

　　My mother made me breakfast.
　　　　　　　　　　人　　物

　　　　　　　（わたしの母はわたしに朝食を作ってくれました）

＝My mother made breakfast for me.
　　　　　　　　　物　　　　人

buy，make などの動詞の場合は，to のかわりに for を使う。

　　このSTEPに出てくる単語です。　　　から選んで書きましょう。

　① giveの過去形　　　　　　（　　　　　　　）

　② buyの過去形・過去分詞　（　　　　　　　）

　③ showの過去形　　　　　　（　　　　　　　）

　④ makeの過去形・過去分詞　（　　　　　　　）

| made | bought | gave | showed |

1 次の（　　）の語〔句〕を並べかえて，意味の通る文にしましょう。

① (run / fast / I / very / .)　（SV）

_____

② (you / doctor / a / are / .)　（SVC）

_____

③ (named / Pochi / they / the dog / .)　（SVOC）

_____

2 次の日本語を文型を確かめながら英語にしましょう。

① わたしはとても速く泳ぎます。　（SV）

_____

② あなたは生徒です。　（SVC）

_____

③ 彼は本を読みます。　（SVO）

_____

④ クミは彼にプレゼントをあげました。　（SVOO）

_____

⑤ わたしたちは彼女をエミと呼びます。　（SVOC）

_____

1 次の２つの文が同じ内容になるように，下線部に適切な語を入れましょう。

① I teach you English.

I teach English ＿＿＿＿＿ ＿＿＿＿＿.

② Mike gave Emi a book.

Mike gave a book ＿＿＿＿＿ ＿＿＿＿＿.

③ I bought her a watch.

I bought a watch ＿＿＿＿＿ ＿＿＿＿＿.

④ Kumi made Mike a bag.

Kumi made a bag ＿＿＿＿＿ ＿＿＿＿＿.

2 次の文の中で目的語（〜に，〜を）に当たる語〔句〕はどれか，下線部に書きましょう。

例 I buy a book. <u>a book</u>

① I have a notebook. ＿＿＿＿＿＿＿＿

② I gave him some flowers. ＿＿＿＿＿ ＿＿＿＿＿

③ I taught you English. ＿＿＿＿＿ ＿＿＿＿＿

④ I showed my picture to her. ＿＿＿＿＿＿＿＿

基本を学ぼう

① 動詞の働きをする連語
<動詞＋副詞>の型

be over （終わる）	School is over at three. （学校は3時に終わります。）
get up （起きる）	I usually get up at seven. （わたしはたいてい7時に起きます。）
go on （続ける）	Please go on. （どうぞ，続けてください。）
run away （逃げる）	She ran away quickly. （彼女はすばやく逃げました。）

<動詞＋前置詞>の型

arrive at ～ （～に着く）	I arrived at the station. （わたしは駅に着きました。）
go to bed （寝る）	Tom goes to bed at ten. （トムは10時に寝ます。）
listen to ～ （～を聞く）	Let's listen to music. （音楽を聞きましょう。）
wait for ～ （～を待つ）	We waited for the next bus. （わたしたちは次のバスを待ちました。）

<be＋形容詞＋前置詞>の型

be afraid of ～ （～をこわがる）	She is afraid of snakes. （彼女はへびをこわがります。）
be fond of ～ （～が好きだ）	I am fond of playing soccer. （わたしはサッカーをするのが好きです。）
be interested in ～ （～に興味がある）	I am interested in art. （わたしは美術に興味があります。）
be late for ～ （～に遅れる）	Don't be late for school. （学校に遅れてはいけません。）

1 次の下線部に適する語を書きましょう。

① Don't be late _____ school.

② He is afraid _____ snakes.

③ She arrived _____ the station.

④ Ken is interested _____ art.

⑤ Let's listen _____ music.

⑥ I am fond _____ playing the piano.

2 次の日本語に合うように，下線部に適切な語を入れましょう。

① どうぞ，続けてください。

Please _____ _____.

② わたしは次のバスを待ちました。

I _____ _____ the next bus.

③ 彼女はすばやく逃げました。

She _____ _____ quickly.

④ 学校は3時に終わります。

School _____ _____ at three.

27 連語（2）

基本を学ぼう

① 助動詞の働きをする連語

be able to～
（～できる）

I was able to get to the top.
（わたしは頂上に着くことができました。）

had better～
（～したほうがよい）

We had better wait here.
（わたしたちはここで待ったほうがよい。）

would like to～
（～したい）

I would like to have some tea.
（わたしは紅茶を飲みたい。）

② 形容詞の働きをする連語

a lot of～
（たくさんの）

There are a lot of trees here.
（ここにはたくさんの木があります。）

plenty of～
（たくさんの）

He bought plenty of food.
（彼は食糧をたくさん買いました。）

a cup of～
（1杯の）

Would you like a cup of coffee?
（コーヒーを1杯いかがですか。）

a glass of～
（1杯の）

Give me a glass of water.
（わたしに水を1杯ください。）

③ 副詞の働きをする連語

at once
（すぐに）

Start at once.
（すぐに出発しなさい。）

at last
（ついに）

At last I found my watch.
（ついにわたしは時計を見つけました。）

after school
（放課後）

Let's play tennis after school.
（放課後テニスをしましょう。）

at home
（家で）

He uses Chinese at home.
（彼は家で中国語を使います。）

all over
（～じゅうに）

She is popular all over Japan.
（彼女は日本じゅうで人気があります。）

over there
（あちらに）

May is over there.
（メイはあちらにいます。）

1 次の下線部に適する語を書きましょう。

① She is popular all ＿＿＿＿＿＿＿ Japan.

② My uncle has a lot ＿＿＿＿＿＿＿ English books.

③ At ＿＿＿＿＿＿＿ I found my watch.

④ Give me a glass ＿＿＿＿＿＿＿ water.

⑤ He bought plenty ＿＿＿＿＿＿＿ food.

⑥ I would like ＿＿＿＿＿＿＿ have some tea.

2 次の文を英語にしましょう。

① あなたはここで待ったほうがよい。

＿＿＿＿＿＿＿＿＿＿＿＿＿＿＿＿＿＿＿＿＿＿＿＿＿

② 彼は放課後野球をします。

＿＿＿＿＿＿＿＿＿＿＿＿＿＿＿＿＿＿＿＿＿＿＿＿＿

③ 彼女らはすぐに出発しました。

＿＿＿＿＿＿＿＿＿＿＿＿＿＿＿＿＿＿＿＿＿＿＿＿＿

④ コーヒーを１杯いかがですか。

＿＿＿＿＿＿＿＿＿＿＿＿＿＿＿＿＿＿＿＿＿＿＿＿＿

1 次の下線部に適するものを（　　）から選び，書きましょう。

(各1点×8＝8点)

① Don't be late _____ school.　　　　（ in, for ）

② We waited _____ the bus.　　　　（ for, of ）

③ Let's listen _____ music.　　　　（ to, at ）

④ Give me a glass _____ milk.　　　　（ of, on）

⑤ I knew she _____ kind.　　　　（ is, was ）

⑥ I thought he _____ run fast.　（ could, can ）

⑦ He was _____ then.　　（ swimming, swiming ）

⑧ _____ Ben go to the hospital yesterday?

（ Do, Did ）

2 次の（　　）に入る疑問詞を □□□ から選んで，記号で答えましょう。

(各2点×4＝8点)

I told him

（　①　）I was happy.　　　　（　　）

（　②　）I went.　　　　（　　）

（　③　）I start.　　　　（　　）

（　④　）washed the dishes　　　　（　　）

| ア who　　イ where　　ウ why　　エ when |

3 次の文を（　）の指示に従って書きかえましょう。

① I am so tired that I cannot work.

(too ~ to …を使った文に)

_____

② Mike was so busy that he couldn't wash the car.

(too ~ to …を使った文に)

_____

③ I am too tired to cook dinner. (so ~ that …を使った文に)

_____

④ She was too hungry to swim. (so ~ that …を使った文に)

_____

4 次の日本語に合うように，下線部に適切な語を入れましょう。

① 兄はわたしに試験に受かったことを話しました。
　　　　　　　　　　　pass

My brother told me that he _____ the exam.

② 彼は彼女をメアリーと呼びます。

He _____ _____ Mary.

③ 彼女はわたしたちに英語を教えます。

She _____ English _____ us.

④ 彼らはカナダに住んでいる少年を知っています。
　　関係代名詞

They know the boy _____ _____ in Canada.

5 次の２つの文が同じ内容になるように，下線部に適切な語を入れましょう。

（各4点×4＝16点）

① I gave you a watch.

I gave a watch _____ _____.

② He taught her Chinese.

He taught Chinese _____ _____.

③ She bought him a book.

She bought a book _____ _____.

④ They made Emi a doll.

They made a doll _____ _____.

6 次の下線部の動詞を過去形にして，文を書き直しましょう。

（各4点×3＝12点）

① I <u>tell</u> them that he is honest.

_____

② We <u>tell</u> him that the news is important.

_____

③ This book <u>shows</u> us that English is interesting.

_____

7 次の文を（　　）の文型になるように，英語にしましょう。

（各4点×3＝12点）

① 彼は走ります。　　　　　　　（S＋V）

_____

② 彼は彼女に花をあげます。　　（S＋V＋O）
　　　　　　some flowers

_____

③ 彼は彼女をクミと呼びました。　（S＋V＋O＋C）

_____

8 次の文を英語にしましょう。

（各4点×3＝12点）

① 母はわたしにどのようにしてケーキを作るのかを見せてくれました。
　　　　　　　　　　　　　　　　　　　　　show

_____

② わたしは彼女が忙しいことを知っていました。

_____

③ 彼は彼女にプレゼントをあげました。

_____

Did you know?

　国によって，ジェスチャー (gesture)の意味はさまざまなの。「わたし」の場合，日本では人差し指で自分の鼻を指すけど，アメリカでは親指で自分の胸を指すのよ。「こちらに来なさい」は，アメリカでは日本とは逆で手のひらを上にして招くしぐさをするのよ。

著 者　中 島 勝 利（なかじま・かつとし）

　1945年5月6日，三重県に生まれる。天理大学外国語学部ドイツ学科卒業。長年，大阪市内の中学校で教壇に立つ。

著 書　「英語リピートプリント・ハイパー」中学1年生
　　　「英語リピートプリント・ハイパー」中学2年生
　　　「英語リピートプリント・ハイパー」中学3年生
　　　「やさしく学ぶ英語リピートプリント」中学1・2年の復習
　　　「やさしく学ぶ英語リピートプリント」中1
　　　「やさしく学ぶ英語リピートプリント」中2
　　　「やさしく学ぶ英語リピートプリント」中3

やさしく学ぶ英語リピートプリント　中学3年

1993年9月1日　　初版発行
2004年3月20日　　改訂新版発行
2012年1月20日　　改訂新版発行
2021年8月20日　　改訂新版発行

著 者　中 島 勝 利
発行者　面 屋 尚 志
企 画　清風堂書店
発 行　フォーラム・A

　　　〒530-0056　　大阪市北区兎我野町15-13
　　　　　　　　　電話　（06）6365-5606
　　　　　　　　　FAX　（06）6365-5607
　　　　　　　　　振替　00970-3-127184

制作編集担当・苗村佐和子

表紙デザイン・ウエナカデザイン事務所
印刷・㈱関西共同印刷所／製本・㈱高廣製本

ISBN978-4-86708-041-2 C6082

やさしく学ぶ
英語
リピート
プリント
中3

別冊解答

解答の表記について

◆記号について：

    （   ）は省略可能，〔   〕は書き換え可能な語を示しています。

◆短縮形について：

    この問題集では文の構造がわかりやすいように，短縮形をあまり使用していませんが，短縮形をもちいる解答も基本的に正解です。短縮形は主に会話文などでよく使用されます。

◆aとthe，単数と複数の区別について：

    この問題集では，英語の文法を一つ一つの個別の文を通じて学びます。しかし，本来，文はいくつかの文が集まっている文章の中で使用されるもので，その中ではaとtheや，単数と複数の区別は前後の文から自然と分かる場合が多くなります。

    一方，問題集では，例えば『「私たちは箱を作ります」という文を英語で書きなさい』という問題の場合，

      ・We make a box.   ・We make the box.   ・We make the boxes.

などの解答が考えられますが，残念ながらすべての解答例を掲載するにはページ数がたりません。

    そこで，解答には1例しか掲載しておりませんが，問題によっては，本書の解答と皆さんの解答のaとtheや，単数と複数が違ってくる場合もあり得ます。文法的におかしくなければ，多くの場合はそのページで学ぶ重点項目があっているかどうかで判断していただければと思います。

1・2年の復習をしよう ① (P.4〜7)

1. ① ↘ ② ↘ ③ ↗ ④ ↗
2. ① イ ② ア ③ イ ④ イ
3. ① played ② washed ③ studied ④ gone
⑤ come ⑥ seen ⑦ bought ⑧ written
⑨ spoken ⑩ read ⑪ run ⑫ given
4. ① old ② short ③ glad〔happy〕
④ close〔shut〕
⑤ answer ⑥ buy ⑦ slowly ⑧ late
5. ① am ② popular ③ read ④ playing
6. ① goes ② studies ③ washing
④ running ⑤ liked ⑥ came ⑦ older
⑧ larger ⑨ best ⑩ most beautiful
7. ① are ② was ③ plays ④ swimming
8. ① These are flowers. ② Those are buses.
③ We are students. ④ They are teachers.

解説
1. ①②疑問詞，orの文は下げ調子になる。
3. ①②③規則変化。④〜⑫不規則変化。
5. 和訳例①わたしはトムです。②野球は日本では
人気があります。③この本は彼によって読まれ
ました。④彼〔彼女〕らは公園でテニスをしてい
ます。
7. ①many booksがあるので複数の文。②five
years agoがあるので過去の文。③sometimes
のsを3単現のsと勘違いすることがあるので
注意すること。④enjoy＋動名詞
8. ①②③④複数の文になるので名詞も複数にす
る。特にbus→busesに気をつけること。

1・2年の復習をしよう ② (P.8〜11)

1. ① children ② gone ③ swimming
④ me
2. ① Is ② Are ③ Did ④ Will
3. ① There are ② may be ③ to see〔meet〕
④ any books
4. ① 大きなイヌです
② 行きなさい
③ 歌を歌っていました
④ 看護師であることを知っています
5. ① He didn't have lunch yesterday.
② My sister went to school by bus yesterday.
③ She must help her mother.
④ You must not play soccer in the garden.
6. ① him English ② am studying English

③ as old as ④ something to eat
7. ① You are liked by me.
② He was using this desk.
③ Who are you?
8. ① These boys are Tom and Mike.
② What time is it?
③ May I take some pictures here?
④ I am going to play tennis tomorrow.

解説
1. ①名詞の複数形。childは特別な変化をするの
で覚えること。②過去分詞。③swimは語尾が
短母音＋子音字なのでmを重ねてingになる。
④人称代名詞の目的格。
2. ①受け身の文。②未来の文。[be going to 〜]
③過去の文。④未来の文。[will]
4. ②命令文は動詞の原形で始まる。③過去進行形
の文。④接続詞thatの文。
5. ①一般動詞の過去形の否定文 ②goの過去形
はwent ③ have〔has〕to 〜 と must はともに
「〜しなければならない」という意味。④禁止
を表す命令文とmust not は禁止を表す意味に
なる。
8. ③「May＋I＋動詞の原形〜？>は，「〜しても
よろしいですか。」の意味。④「〜するつもり
だ」と未来の予定を表すときは，be going
to 〜 を用いる。

STEP 01 受け身〔受動態〕(1) (P.12〜15)

P.12 単語力UP

① washed/washed ② studied/studied
③ read/read ④ wrote/written

P.14 リピートプリント ①

❶ ① 彼は本を読んでいます。
② 彼女は英語の本を読みます。
③ その英語の本は彼によって読まれました。
④ 英語は彼女によって教えられましたか。
❷ ① The window is opened by him.
② The cars are washed by her.
③ Was English spoken by Ken?
④ The rooms weren't cleaned by her.

解説
❶ ①現在進行形の文。②現在形の文。③過去の受
け身の文。④過去の受け身の疑問文。
❷ 和訳例①窓は彼によって開けられます。②車は
彼女によって洗われます。③英語はケンによっ

て話されましたか。④部屋は彼女によってそう
じされませんでした。

P.15 リピートプリント ②

1 ① The door is opened by her.
② They are opening the windows.
③ The doors were not〔weren't〕opened by Mike.
④ Is this window opened by him?

2 ① Was this park cleaned yesterday?
② Tennis is played by many children.
③ This story was written by me.
④ That computer was used by him yesterday.

解説
1 和訳例①ドアは彼女によって開けられます。
② 彼(女)らは窓を開けています。③(その)ド
アはマイクによって開けられませんでした。
④この窓は彼によって開けられますか。

STEP 02 受け身（受動態）(2) (P.16〜19)

P.18 リピートプリント ③

1 ①(その)丘は雪でおおわれています。
② わたしはエミの誕生日パーティに招待さ
れました。
③(その)いすは彼女によって作られました。
④(その)図書館は毎朝9時に開けられます。

2 ① is spoken ② to ③ isn't ④ from

P.19 リピートプリント ④

1 ① A newspaper is read by him.
② A newspaper was read by her.
③ Is English spoken in this country?
Yes, it is.

2 ① I speak Japanese.
② Japanese is spoken in Japan.
③ This bird is known to everyone.
④ The mountain is covered with snow.

解説
1 ①3単現なので現在の受け身の文。②readにs
がないので過去の受け身の文。

STEP 03 現在完了(1)〈継続〉 (P.20〜23)

P.22 リピートプリント ⑤

1 ① わたしは昨年からずっとこのコンピュー
ターがほしいです。
② 彼は5時間ずっとここにいます。
③ 彼女はその時からずっとここにいます。
④ クミは3日間ずっとここにいますか。

2 ① I have stayed in America since 2008.
② He has been in Osaka since last week.
③ She has wanted this bike for two years.
④ You have not seen her for a long time.

解説
1 ①②③④for, sinceがあると，現在完了継続「…
ずっと〜」になる。
2 和訳例①わたしは2008年からずっとアメリカに
滞在しています。②彼は先週からずっと大阪に
います。③彼女は2年間ずっとこの自転車をほ
しいです。④あなた(たち)は長い間彼女に会っ
ていません。

P.23 リピートプリント ⑥

1 ① have liked cats
② have been busy
③ has stayed
④ has been

2 ① I know him.
② I knew him.
③ I have known him since then.
④ I have known him for three years.

解説
1 和訳例①わたしは長い間ネコが好きです。②あ
なたは1998年からずっと忙しいです。③彼は3
週間ずっと東京に滞在しています。④彼女は先
週からずっと大阪にいます。
2 ①現在の文。②過去の文。③④現在完了継続の
文。

STEP 04 現在完了進行形／How long〜? (P.24〜27)

P.26 リピートプリント ⑦

1 ① わたしは3時間テレビを見ています(見続
けています)。
② あなたはどのくらいの期間，中国に住ん

4

でいるのですか。
15年間です。
③ 昨日から雨がずっと降っています。

2 ① I have been playing tennis for three hours.
② I have been playing video games since yesterday.
③ It has been raining for a week.
④ How long have you learned English?

解説
1 ①③現在完了進行形「have[has]been＋動詞のing形」で，「ずっと～している」という意味になる。
②how longは期間の長さを問う言い方で，「どのくらいの間」という意味。答えるときは期間を表す語句を用いる。
2 和訳例①わたしは3時間ずっとテニスをしています。②わたしは昨日からずっとテレビゲームをし続けています。③一週間ずっと雨が降り続いています。④あなたはどのくらいの期間，英語を学んでいますか。

P.27 リピートプリント ⑧

1 ① わたしは2時間ずっとギターを弾いています(弾き続けています)。
② あなたはどのくらいの期間，英語を勉強し続けていますか。
5時間です。

2 ① It has been snowing since last night.
② They have been hungry since this morning.
③ How long have you lived in Spain?
I have lived there for three years〔For three years〕.

解説
1 ①「for＋期間を表す語句」で「～の間」という意味になる。
2 ①「ずっと降り続いています」なので，過去から現在まで動作が続いていることを表す現在完了進行形を用いる。

STEP 05 現在完了⑵〈経験〉 (P.28～31)

P.30 リピートプリント ⑨

1 ① わたしは以前大阪へ行ったことがあります。
② あなた(たち)はしばしばその本を読んだことがあります。
③ ケンは時々英語を話したことがあります。

---

④ あなたは今までにアメリカへ行ったことがありますか。

2 ① I have visited Aomori before.
② You have climbed the mountain many times.
③ Mary has been to Nara twice.
④ She has never seen him.

解説
1 ①②③④before, often, sometimes, everがある時は，現在完了経験「～したことがある」の文になる。①have been to ～「～へ行ったことがある」。
2 和訳例①わたしは以前青森を訪れたことがあります。②あなた(たち)は何度も(その)山に登ったことがあります。③メアリーは二度奈良へ行ったことがあります。④彼女は一度も彼に会ったことがありません。

P.31 リピートプリント ⑩

1 ① have visited / once
② have played / before
③ has often seen
④ have sometimes played

2 ① I visit Osaka.
② I have visited Osaka many times.
③ I have often visited Osaka.
④ I have never visited Osaka.

解説
1 ③oftenの位置に注意。④sometimesの位置に注意。
2 ①現在の文。②③④現在完了経験の文。「～したことがある」
have visited ～「～を訪ねたことがある」
have been to ～「～へ行ったことがある」
と意味(内容)は同じ。

STEP 06 現在完了⑶〈完了〉 (P.32～35)

P.34 リピートプリント ⑪

1 ① エミはもう〔すでに〕宿題を終えています。
② 彼〔彼女〕らはちょうど車を洗ったところです。
③ わたしたちはまだサッカーをしていません。
④ あなた(たち)はもう英語を勉強しましたか。

2 ① just ② been / before ③ already
④ Have / yet

解説

1③否定文のyetは「まだ～ない」と日本語にする。④疑問文のyetは「もう～」と日本語にする。

2②have been to ～は「～へ行ったことがある」で経験を表す。③完了用法でよく使われる動詞の１つにleave(去る)がある。

P.35 リピートプリント ⑫

1 ① read　② studied　③ seen　④ goes
2 ① I have just spoken English.
　　② He has already washed the car.
　　③ Have you finished your homework yet?
　　　No, not yet.

解説

1④every dayがあるので現在の文。
2②③肯定文の時はalreadyを，疑問文の時はyetを使う。

確認テスト 1 (P.36～39)

1 ① playing　② used　③ by　④ are　⑤ of
　　⑥ for　⑦ been　⑧ yet
2 ① have　② have　③ has　④ has　⑤ have
3 ① for　② since　③ since　④ for　⑤ since
　　⑥ since　⑦ for
4 ① あなたはハワイにどのくらいの期間住んでいますか。
　　② 彼女は先週からずっとこのホテルにいます。
　　③ わたしたちはそのホテルに二度行ったことがあります。
5 ① is cleaned　② is used　③ is played
　　④ are liked / him
6 ① played　② read　③ seen　④ lived
7 ① How long / For　② Have / have
　　③ Was / was
8 ① is loved〔liked〕　② covered with
　　③ have / played　④ Have / yet

解説

1①現在進行形の文。②③④受け身の文。⑤be made of ～「～で作られている」⑥for＋期間。⑦ever「今までに」は現在完了経験用法の疑問文。⑧疑問文のyet「もう」。

23人称単数の時だけhasでそれ以外はhaveになる。

3和訳例①わたしは２週間ずっと大阪にいます。②彼は1988年からずっと彼女を知っています。③彼女は今朝からずっとテニスをしています。

④あなた(たち)は長い間ずっと野球が好きですか。⑤彼(女)らはその時からずっとアメリカに滞在しています。⑥ケンは昨日からずっと頭が痛いです。⑦ケンは１年間ずっとクミに会っていません。

5和訳例①この公園はわたしによってそうじされます。②この車はわたしの父によって使われます。③テニスは多くの子どもたちによってされます。④これらの花は彼によって好かれています。

6①②受け身の文。③④現在完了の文。

STEP 07 | **現在分詞の形容詞的用法** 　(P.40～43)

P.40 単語力UP

① studying, reading　② writing, using
③ swimming, sitting

P.42 リピートプリント ⑬

1 ① 彼は庭の中を歩いています。
　　② 彼は走っている少年を知りません。
　　③ テニスをしている少年を見なさい。
　　④ ピアノをひいている少女を見なさい。
2 ① I know the studying boy.
　　② He knows the boy sleeping there.
　　③ The boy reading a book is Mike.
　　④ The girl playing the guitar is Kumi.

解説

1①現在進行形の文。②③④現在分詞の形容詞的用法。

2和訳例①わたしは勉強している少年を知っています。②彼はそこで眠っている少年を知っています。③本を読んでいる少年はマイクです。④ギターをひいている少女はクミです。

P.43 リピートプリント ⑭

1 ① running　② sitting　③ sleeping
　　④ studies
2 ① I am swimming.　② I like swimming.
　　③ I know the boy swimming in the river.
　　④ The girl swimming in the river is Kumi.

解説

1④現在の文。study→studies
和訳例①わたしは公園の中を走っている少年を知っています。②あなた(たち)はベンチですわっている少女を知っていますか。③彼は眠っている少女を知りません。④彼女は毎日英語を勉

6

STEP 08 過去分詞の形容詞的用法 (P.44〜47)

P.44 単語力UP

① built ② met ③ spoken ④ read
⑤ written ⑥ made ⑦ taught

P.46 リピートプリント ⑮

1 ① この本は英語で書かれています。
② 英語で書かれた本は難しかったです。
③ このイヌは彼女によって愛されました。
④ これは彼女によって愛されているイヌです。

2 ① The chair made by him is good.
② This is the broken vase.
③ I know the language spoken in China.
④ This is the book written by Ken.

解説
1 ①③受け身の文。②④過去分詞の形容詞的用法。
2 和訳例①彼によって作られたいすはよいです。②これはこわ(さ)れた花びんです。③わたしは中国で話されている言葉を知っています。④これはケンによって書かれた本です。

P.47 リピートプリント ⑯

1 ① boiled ② collected ③ spoken
④ made

2 ① This cat is loved〔liked〕by her.
② This is the cat loved〔liked〕by her.
③ This is the dish made by her.
④ The dish made by her is good.

解説
1 和訳例①これはゆでたまごです。②あれらは集められた切手です。③アメリカで話されている言葉は英語です。④彼によって作られた時計はよいです。

STEP 09 名詞を修飾する句と節 (P.48〜51)

P.50 リピートプリント ⑰

1 ① これはペンです。
② これはわたしがなくしたペンです。

③ こちらはわたしが公園で会った少年です。
④ わたしのかばんの中にあるカメラはよいです。

2 ① This is the boy I saw last night.
② That is the bike Kumi bought.
③ This is the book Ken read.
④ I know the boy playing tennis.

解説
2 和訳例①こちらはわたしが昨晩会った少年です。②あれはクミが買った自転車です。③これはケンが読んだ本です。④わたしはテニスをしている少年を知っています。

P.51 リピートプリント ⑱

1 ① 窓のそばにいる少女
② わたしが好きな少年
③ 彼が撮った写真
④ 見るべきたくさんの場所

2 ① I know the girl by the window.
② Ken is the boy I like.
③ The picture he took is good.
〔The pictures he took are good.〕
④ There are many〔a lot of〕places to see in Kyoto.

STEP 10 関係代名詞(1)〈目的格which/that〉 (P.52〜55)

P.54 リピートプリント ⑲

1 ① これは彼が書いた本です。
② これはわたしが書いた手紙です。
③ わたしはあなた(たち)が昨日会った少女を知っています。
④ わたしが昨日会った少年はケンです。

2 ①イ ②ウ ③ア ④ア

解説
2 和訳例①わたしはあなた(たち)が昨日会った少年を知っています。②これはわたしが先週買った自転車です。③彼が訪れた湖は美しかった。④わたしが会いたい少年はマイクです。

P.55 リピートプリント ⑳

1 ① He is the boy that I met last night.
② This is the museum that he visited yesterday.
③ He is a boy I taught English.
④ The castle he visited was beautiful.

7

2 ① This is a book.

② I bought a book yesterday.

③ This is the book (that / which) I bought yesterday.

④ The book (that / which) I bought yesterday is useful.

解説

1 和訳例①彼はわたしが昨晩会った少年です。②これは彼が昨日訪れた博物館です。③彼はわたしが英語を教えた少年です。④彼が訪れた城は美しかった。

STEP 11 関係代名詞(2)〈主格who/which〉 (P.56～59)

P.58 リピートプリント ㉑

1 ① わたしは長い髪をしている少年に会いました。

② むこうですわっている少年を見なさい。

③ これは10時に出発する列車です。

④ 丘の上にある池は美しいです。

2 ① イ ② イ ③ ウ ④ ア

解説

2 和訳例①わたしには英語を話すことができる兄〔弟〕がいます。②あれは昨年建てられた建物です。③彼にはロンドンに住んでいる友だちがいます。④歌を歌っている少年はベンです。

P.59 リピートプリント ㉒

1 ① Look at the boy swimming in the river.

② This is a book written by him.

③ They know an old man who lived in Aomori.

④ Can you show me the pictures which were taken by her?

2 ① This is the bus which leaves at eight.

② The boy who is speaking English is Ken.

③ This is the train which goes to Osaka.

④ The girl who is reading a book is Kumi.

解説

1 和訳例①川で泳いでいる少年を見なさい。②これは彼によって書かれた本です。③彼〔彼女〕らは青森に住んでいた老人を知っています。④彼女によって撮られた写真をわたしに見せてくれますか。

STEP 12 関係代名詞(3)〈主格that〉 (P.60～63)

P.60 単語力UP

① who ② that ③ which ④ which ⑤ that ⑥ that

P.62 リピートプリント ㉓

1 ① わたしは幸せそうに見える男の人に会いました。

② マイクはアメリカ出身の生徒です。

③ 彼はイヌが好きな少年です。

④ これらはわたしが北海道で撮った写真です。

2 ① I know a boy that has a bird.

② Kumi is a student that likes singing.

③ They are computers that the students use.

④ I know that he is a teacher.

解説

1 ④ 「主語＋動詞」（I took）になっているので，このthatは目的格である。

2 ④ このthatは文と文を結ぶ接続詞。

和訳例①わたしは鳥を飼っている少年を知っています。②クミは歌うことが好きな生徒です。③それらは生徒が使うコンピュータです。④わたしは彼が先生であることを知っています。

P.63 リピートプリント ㉔

1 ① イ ② ア ③ イ ④ イ

2 ① He knows a girl.

② The girl can play tennis well.

③ He knows the girl that〔who〕can play tennis well.

④ The girl that〔who〕can play tennis well is Emi.

解説

1 ①③先行詞が3人称単数形なので，lives, teachesになる。3単現s。②④先行詞が3人称複数形なので，like, areになる。

確認テスト 2 (P.64～67)

1 ① who ② which ③ which ④ who ⑤ which

2 ① イ ② イ ③ ア ④ ア ⑤ イ ⑥ イ

⑦ イ ⑧ イ ⑨ ア

3 ① reading ② playing ③ loved
④ written

4 ① あなた(たち)は木の下ですわっている少年を知っていますか。
② あなた(たち)は木の下で眠っている少女を知っていますか。
③ これはわたしによって撮られた写真です。
④ これはわたしが撮った写真です。

5 ① living ② taken ③ are swimming

6 ① This is the book that I bought.
② He is a boy that I know.
③ He has a dog that can jump high.
④ The boy that is singing is Ben.

7 ① Look at the <u>singing</u> girl.
② I know the boy <u>who〔that〕</u> is playing tennis in the park.
③ I saw a house <u>that had</u> a beautiful garden.

8 ① わたしは昨日本を買いました。
② これはわたしが昨日買った本です。
③ わたしが昨日買った本は役に立ちます。

解説
1①④先行詞が人だからwhoになる。②③⑤先行詞が物だからwhichになる。
2①③④現在分詞の形容詞的用法。②⑤過去分詞の形容詞的用法。⑥⑦⑧関係代名詞主格。⑨現在進行形。
3①②現在分詞の形容詞的用法。③④過去分詞の形容詞的用法。
和訳例①本を読んでいる少年はボブです。②あなた(たち)はギターをひいている男の人を知っていますか。③彼女は多くの人々によって愛されている歌手です。④クミによって書かれた手紙は長かった。
6和訳例①これはわたしが買った本です。②彼はわたしが知っている少年です。③彼は高く跳ぶことができるイヌを飼っています。④歌っている少年はベンです。
7和訳例①歌っている少女を見なさい。②わたしは公園でテニスをしている少年を知っています。③わたしは美しい庭がある家を見ました。

STEP **13** | help+(人)+動詞の原形/make+(人)+動詞の原形/let+(人)+動詞の原形 (P.69~71)

P.70 リピートプリント ㉕

1 ① 母はわたしに新しい自転車を買わせてく

れました。
② わたしは母がクッキーを作るのを手伝いました。
③ ボブはいつも友だちを笑わせます。
④ わたしたちの先生はわたしたちが授業中にスマートフォンを使うことを許可しました。

2 ① He let me use his computer.
② I helped my mother cook.
③ My grandmother made me eat vegetables.

解説
2和訳例①彼はわたしに彼のコンピュータを使わせてくれました。②わたしは母が料理するのを手伝いました。③祖母はわたしに野菜を食べさせました。

P.71 リピートプリント ㉖

1 ① My sister helped me cook dinner.
② I help my father wash the car every month.
③ Let me know your address.
④ This music made my children cry.

2 ① play ② me carry ③ made/clean

解説
1和訳例①わたしの姉(妹)はわたしが夕食を作るのを手伝いました。②わたしは父が毎月車を洗うのを手伝います。③わたしにあなたの住所を知らせてください〔教えてください〕。④この音楽はわたしの子どもたちを泣かせました。

STEP **14** | want/ask/tell ～ to… (P.72~75)

P.74 リピートプリント ㉗

1 ① わたしはケンにわたしといっしょにそこに行くように頼みました。
② あなたはわたしに車を洗うように言いました。
③ 彼〔彼女〕らはわたしたちにキャンプに行くように言いました。
④ 彼〔彼女〕らはわたしに医者になってほしかったです。

2 ① Henry (told you to get up at once.)
② He (asked Mike to call you.)
③ I (wanted her to be a teacher.)
④ She (didn't want Kumi to be a nurse.)

解説
2和訳例①ヘンリーはあなた(たち)にすぐに起きるように言いました。②彼はマイクにあなた

（たち）に電話をするように頼みました。③わたしは彼女に先生になってほしかったです。④彼女はクミに看護師になってほしくありませんでした。

P.75 リピートプリント ㉘

1 ① I told <u>her</u> to study hard.
② Did you ask <u>him</u> to clean the room?
③ She didn't want me to <u>come</u> here.
④ I wanted him to <u>be</u> a teacher.
2 ① I want to see〔meet〕him.
② I want you to see〔meet〕him.
③ He asked her to help him.
④ She told him to wash the car.

解説

1①toldのあとには目的格がくる。②askのあとには目的格がくる。③④toのあとには動詞の原形がくる。
和訳例①わたしは彼女に熱心に勉強するように言いました。②あなた（たち）は彼に部屋をそうじするように頼みましたか。③彼女はわたしにここにきてほしくありませんでした。④わたしは彼に先生になってほしかったです。

STEP **15** 間接疑問文⑴〈be動詞〉 (P.76〜79)

P.78 リピートプリント ㉙

1 ① わたしはテーブルの上に何があるか知っています。
② あなたの母はその女性がだれなのか知っていますか。
③ わたしは彼がだれか知りません。
④ あなた（たち）は彼女がなぜ幸せであるか知っていますか。
2 ① I know why you are sad.
② You know what is here.
③ I don't know what is in the box.
④ Do you know who she is?

解説

1①疑問詞が主語なので語順は変わらない。
2和訳例①わたしはあなた（たち）がなぜ悲しいのか知っています。②あなた（たち）は何がここにあるか知っています。③わたしは箱の中に何があるか知りません。④あなた（たち）は彼女がだれか知っていますか。

P.79 リピートプリント ㉚

1 ① I know when your birthday is.
② I know what is on thc dcsk.
③ I don't know what this bird is.
④ Do you know who she is?
2 ① Who are you?
② I know who you are.
③ What is in your bag?
④ I don't know what is in your bag.

解説

1和訳例①わたしはあなたの誕生日がいつか知っています。②わたしは机の上に何があるか知っています。③わたしはこの鳥が何か知りません。④あなた（たち）は彼女がだれか知っていますか。
2②疑問詞whoが主語ではなく，youが主語になるので語順が変わる。④疑問詞whatが主語なので語順は変わらない。

STEP **16** 間接疑問文⑵〈一般動詞・助動詞〉 (P.80〜83)

P.82 リピートプリント ㉛

1 ① わたしはだれが（その）部屋をそうじしたか知っています。
② 彼は彼女がいつ起きたか知っています。
③ クミはなぜ彼が英語を勉強したかを知りたいです。
④ わたしはケンが何をするつもりなのか理解していません。
2 ① I know what you had.
② She knows what they can do.
③ Do you know what he wants?
④ Please tell me why you are sad.

解説

2和訳例①わたしはあなた（たち）が何を持っていたか知っています。②彼女は彼〔彼女〕らが何をすることができるか知っています。③あなた（たち）は彼が何をほしいか知っていますか。④あなた（たち）がなぜ悲しいのかわたしに教えて〔話して〕ください。

P.83 リピートプリント ㉜

1 ① when you go there
② where she lives
③ what he had

④ who came here

2 ① When did she go to bed?

② I know when she went to bed.

③ Where did she go?

④ I don't know where she went.

解説

1②３単現livesになるので注意すること。③didがあるので過去の文になることに注意すること。④疑問詞が主語になるので語順は変わらない。

和訳例①わたしはあなたがいつそこに行くのか知っています。②彼は彼女がどこに住んでいるのか知っています。③彼女は彼が何を持っていたか知りません。④彼〔彼女〕らはだれがここに来たか知りません。

STEP 17 付加疑問文 (P.84~87)

P.86 リピートプリント ㉝

1 ① あなたは親切ですよね。

② ベンは日本語を話していますよね。

③ エミは英語を勉強しませんでしたよね。

④ 彼〔彼女〕らは泳ぐことができますよね。

2 ① He was busy yesterday, wasn't he?

② Emma teaches English, doesn't she?

③ You are playing tennis, aren't you?

④ Ken worked hard, didn't he?

解説

1②現在進行形の付加疑問文。主語Benは男性なので，isn't he? になる。③過去の付加疑問文。主語Emiは女性なので，did she? になる。④助動詞canの付加疑問文。

2和訳例①彼は昨日忙しかったですよね。②エマは英語を教えますよね。③あなた(たち)はテニスをしていますよね。④ケンは熱心に働きましたよね。

P.87 リピートプリント ㉞

1 ① isn't he ② isn't he ③ did she

④ didn't they

2 ① It isn't〔It's not/It is not〕 hot today.

② It isn't〔It's not/It is not〕 hot today, is it?

③ He can play the piano.

④ He can play the piano, can't he?

解説

1和訳例①彼は騒がしいですよね。②ベンは日本語を勉強していますよね。③エミは図書館に行きませんでしたよね。④ベンとエミはテニスをしましたよね。

確認テスト 3 (P.88~91)

1 ① me ② can ③ clean ④ what

⑤ doesn't ⑥ it ⑦ who

2 ① what is under the table

② why he is sad

③ where he worked

④ who cleaned the room

3 ① told / to ② ask / to ③ what this

④ what / wants

4 ① want to go there

② want you to go there

③ why you are busy

④ where he works

5 ① We like to play volleyball.

② I asked them to write in English.

③ Bob knows what she had.〔Bob knows who she is〔was〕〕

6 ① asked / to ② wants / to ③ what is

④ is it

7 ① help Aya make ② let me play

③ story makes children cry

8 ① アミはいつも友だちを笑わせます。

② ユウタはわたしが宿題をするのを手伝いました。

③ 父はわたしに彼の新しい自転車を使わせてくれました。

解説

1①tellのあとには目的格がくる。②can'tをcanに，can you? を文末に置く。③toのあとには動詞の原形がくる。⑤肯定文で一般動詞speaksが使われているので，あとに続く付加疑問の文には doesn't を使い，Maryは代名詞 sheにかえる。⑥肯定文のisをisn'tに，thisをitにかえた isn't it? を文末に置く。

和訳例①彼はわたしに寝るように言いました。②あなた(たち)は泳げませんよね。③ケンはあなた(たち)に部屋をそうじして欲しかった。④わたしは箱の中に何があるか知っています。⑤メアリーは日本語を話しますよね。⑥これはあなたのかばんですよね。⑦彼〔彼女〕らは誰がここに来たか知りません。

2①④疑問詞が主語になっているので語順は変わらない。②疑問詞以下はheが主語なので語順が変わる。③didがあるのでworkは過去形になる。

❸④現在形なので３単現sに注意すること。

❺①不定詞toのあとは動詞の原形。②askedのあとは目的格がくる。③who（だれ）を用いるとbe動詞に変わる。

和訳例①わたしたちはバレーボールをすることが好きです。②わたしは彼〔彼女〕らに英語で書いてくれるように頼みました。③ボブは彼女が何を持っていたか知っています。〔ボブは彼女がだれなのか知っています〕

❻④否定文のisn'tをisに，thisをitにかえたis itを文末に置く。

❼①「（人）が〜するのを手伝う」は，＜help＋人＋動詞の原形＞で表す。②「（人）に〜させる」は，＜let＋人＋動詞の原形＞で表す。③＜make＋人＋動詞の原形＞で「（人）に〜させる」という意味。ここでは'人'にあたる語がchildrenそのあとの動詞が cry なので，made children cryで「子どもたちを泣かせました」。日本語としては「その話を聞いて子どもたちは泣きました。」とするとより自然になる。

STEP 18 | 疑問詞＋不定詞　　(P.92〜95)

(P.94)　リピートプリント ㉟

❶ ① わたしはいつ水を飲めばよいか知っています。
　② あなた（たち）はどこでギターをひけばよいか知っています。
　③ 彼は何を料理すればよいか知っています。
　④ わたしたちはコンピュータの使い方を知っています。

❷ ① I know where to buy it.
　② You know when to start.
　③ Ken knows what to do.
　④ Ken and Kumi know how to cook *okonomiyaki*.

解説

❶④how to 〜「どのように〜したらよいか」→「〜のしかた」

❷和訳例①わたしはどこでそれを買えばよいか知っています。②あなた（たち）はいつ出発すれば〔始めれば〕よいか知っています。③ケンは何をすればよいか知っています。④ケンとクミはお好み焼の作り方を知っています。

(P.95)　リピートプリント ㊱

❶ ① what to　② where to　③ when to

（右段）

　④ how to

❷ ① I know when to get up.
　② You know what to study.
　③ He knows where to play baseball.
　④ We learned how to cook.

解説

❶④「〜のしかた」how to 〜

STEP 19 | 主語＋call＋目的語＋補語　　(P.96〜95)

(P.98)　リピートプリント ㊲

❶ ① わたしはあなたをエミと呼びます。
　② 彼〔彼女〕らは彼をケンと呼びました。
　③ そのプレゼントは彼女を幸せにしました。
　④ その歌はわたしを悲しませました。

❷ ① I called you Ben.
　② You called him Yuta.
　③ I named you Ami.
　④ They named the dog Koro.

解説

❷和訳例①わたしはあなたをベンと呼びました。②あなた（たち）は彼をユウタと呼びました。③わたしはあなたをアミと名づけました。④彼〔彼女〕らはその犬をコロと名づけました。

(P.99)　リピートプリント ㊳

❶ ① I call him Tom.
　② He made her sad.
　③ She named the baby Ami.
　④ We named the dog Koro.

❷ ① I call you Ken.
　② He calls her Kumi.
　③ She names him Yuta.
　④ We made the baby happy.

解説

❶①②③④主語＋動詞＋目的語＋補語の順になる。

和訳例①わたしは彼をトムと呼びます。②彼は彼女を悲しませました。③彼女はその赤ちゃんをアミと名づけました。④わたしたちはその犬をコロと名づけました。

❷②③３単現に注意。

---

1 ① 泳ぐことはやさしいです。
② 泳ぐことはむずかしいです。
③ あなた(たち)にとって泳ぐことはやさしいです。
④ 彼にとって早く起きることはつらい〔むずかしい〕です。

2 ① It is good to get up early.
② It is hard to speak English.
③ It is interesting for him to run.
④ It is important for us to help old people.

解説

1 ①不定詞が主語になっている。「~すること」。②動名詞が主語になっている。「~すること」。③④Itは形式主語なので,「それは」と日本語にしない。It is … for ― to ~のforのあとは目的格がくる。

1 ① It is easy to play tennis.
② It is difficult to use a computer.
③ It is useful to read books.
④ It is easy to ski.

2 ① To study English is important.
② Studying English is important.
③ It is important to study English.

解説

1 和訳例①テニスをすることはやさしいです。②コンピュータを使うことはむずかしいです。③本を読むことは役に立ちます。④スキーをすることはやさしいです。

1 ① I could go to the moon
② I could swim faster
③ Ken would come here

2 ① wish/could sleep
② could eat
③ wish/were

解説

1 ①「月に行くことができたらいいのに。」は,「月に行くことができない。」という現在の事実とは違う願望。②「もっと速く泳ぐことができたらいいのに。」は,「速く泳ぐことができない。」という現在の事実とは違う願望。③「ケンがここに来れたらいいのに。」は「Ken won't come here.ケンがここに来ない」という現実とは違う願望。

2 ①「一日中寝ることができたらいいのに。」は,「一日中寝ることはできない。」という現在の事実とは違う願望。②「毎日アイスクリームが食べることができたらいいのに。」は「毎日アイスクリームを食べることができない。」という現在の事実とは違う願望。③ I wishのあとに続く文の動詞がbe動詞の場合,主語に関係なくふつう were にする。

1 ① エ ② エ ③ イ

2 ① I wish I could play soccer well.
② I wish I were younger.
③ I wish I had a lot of 〔enough〕 money.

解説

2 ① I wishのあとに＜主語＋could＋動詞の原形＞の形を続けると,「~できたらなあ。」という意味になり,現在の事実とは違う願望を表す。③ have a lot of 〔enough〕 money(お金をたくさん持つ)のhaveの過去形はhad。

1 ① イ ②イ/イ ③ イ

2 ① wouldn't ② would ③ had/could
④ were/would

解説

1 和訳例①もしわたしがひまだったら,買い物に行けるのに。②もし翼を持っていたら,わたしは飛べるのに。③もし兄〔弟〕がサッカーを好きだったら,わたしは彼とサッカーをするのに。

2 ①「もし~なら,…するのに。」と,現在の事実とは違う仮定を表すときは＜If＋主語＋動詞の過去形~,主語＋would＋動詞の原形….＞で表す。ここでは,「バスで学校に行かないのに」なので,I wouldn't go to school by bus と否定文にする。②「雨が降っているのでわたしは公園に行けない」,つまり「もし雨が降って

いなければ」というのは現在の事実と違う仮定である。③「スマートフォンを持っていないので写真を撮ることができない」，つまり「もしスマートフォンを持っていれば」というのは現在の事実と違う仮定である。④「もしわたしがあなたなら」は，事実とは違う仮定を表している。Ifのあとに続く文の動詞がbe動詞の場合，主語に関係なくふつうwereにする。

（P.111） リピートプリント ㊹

1 ① If I had more money
　② I could fly all over the world
　③ If I knew the password
　④ If I could swim
2 ① am/can't　② rains/will/stay

解説

2 ①1つめの文は「もしわたしが 忙しくなければ，テレビを見ることができるのに。」という意味。2つめの文を見ると文中に so（だから，それで）がある。1つめの文とほぼ同じ内容を「〜だから，…」という形で表すには，「わたしは忙しいので，テレビを見ることができません。」という意味の文にする。②「もし明日雨が降れば，わたしたちは家にいるだろう。」は，現実で起こる可能性があることである。現実で起こる可能性があることについて「もし〜なら」と表すときには，＜If＋主語＋動詞〜，＞と表す。「もし明日雨が降れば」は未来のことだが，条件・仮定を表すifのあとに続く文では未来のことでも現在形で表すため，If it rains tomorrowとなる。「わたしたちは家にいるだろう」は，we will stay homeである。

確認テスト 4 （P.112〜115）

1 ① to buy　② cook　③ to read　④ us
　⑤ how　⑥ by　⑦ that
2 ① him / Bill　② how to　③ him happy
　④ It / to
3 ① What time is it in Osaka?
　② I call you Tom.
　③ It is useful to read books.
　④ He knows when to begin it.
4 ① It is easy to play the organ.
　② It is hard to get up early.
　③ It is necessary to study Japanese.
　④ It is difficult to teach English.
5 ① コンピュータを使うことはやさしいです。

② 中国語を勉強することは必要です。
　③ バレーボールをすることはおもしろいです。
　④ 歴史を勉強することは役に立ちます。
6 ① how to use　② important for me
　③ to play tennis
7 ① could play the piano　② lived
　③ it were
8 ① If I liked English, I could speak it.
　② If I could play basketball well, it would be fun.
　③ If I had a sister, I could play table tennis with her.

解説

1 ①疑問詞＋不定詞。②how to＋動詞の原形。③形式主語It 〜 to …。④for＋目的格。⑤how to＋動詞の原形。⑥受け身の文。⑦接続詞thatの文。
3 ③形式主語Itの文。④疑問詞＋不定詞の文。
4 和訳例①バイオリンをひくことはやさしいです。②早く起きることはつらい〔むずかしい〕です。③日本語を勉強することは必要です。④英語を教えることはむずかしいです。
6 和訳例①わたしはカメラの使い方を知っています。②英語を勉強することはわたしにとって大切です。③わたしはテニスをすることが好きです。
7 ①「〜することができたらいいのに。」という現在の事実と違う願望は，＜I wish ＋主語＋could ＋動詞の原形….＞で表す。②「ハワイに住んでいたらいいのに。」は，「わたしはハワイに住んでいない。」という現在の事実とは違う願望。I wishのあとに続く文の動詞の形を考える。③ I wish のあとに続く文の動詞がbe動詞の場合，主語に関係なくふつうwereにする。

STEP **23** | so 〜 that…／too 〜 to… | （P.116〜119）

（P.118） リピートプリント ㊺

1 ① わたしはあまりにも疲れすぎてあなた（たち）を手伝うことができません。
　② ケンはあまりにも忙しすぎて野球をすることができません。
　③ クミはあまりにも若すぎてスケートをすることができません。
　④ ケンとクミはとても背が高いので高く跳ぶことができます。
2 ① I am too tired to climb the mountain.

② You were too thirsty to run fast.

③ He is so old that he cannot climb the mountain.

④ We were so hungry that we couldn't play baseball.

解説

2 ②too…toの文をso～that－cannot〔couldn't〕…の文に，またその反対に書きかえる練習をしておくこと。

P.119 リピートプリント ㊻

1 ① I am too thirsty to walk.

② She is too tired to play volleyball.

③ He is so busy that he can't help her.

④ We are so hungry that we cannot〔can't〕 swim.

2 ① I am thirsty.

② I am too thirsty to run.

③ We were tired.

④ We were too tired to walk fast.

解説

1 ①②too～to…の文。②toのあとは動詞の原形。和訳例①わたしはあまりにものどがかわきすぎて歩くことができません。②彼女はあまりにも疲れすぎてバレーボールをすることができません。③彼はとても忙しいので彼女を手伝うことができません。④わたしたちはとてもお腹がすいているので泳ぐことができません。

2 ② I am so thirsty that I cannot〔can't〕 run.でも正解。④ We were so tired that we could not〔couldn't〕 walk fast.でも正解。

STEP 24 │ tell(show)＋(人)＋that～/tell (show)＋(人)＋疑問詞＋主語＋動詞 (P.120～124)

P.122 リピートプリント ㊼

1 ① what you did　② where we were going

2 ① was　② told her　③ us/is

解説

1 ①whatなどの疑問詞がつく疑問文が入るときは，＜疑問詞＋主語＋動詞＞という語順になる。ここではWhat did you do in your summer vacation?（夏休みになにをしましたか。）という疑問文が文の中に入ったと考えられるので，語順はwhat you didとなる。②whereなどの疑問詞がつく疑問文が入るときは，＜疑問詞＋主語＋動詞＞という語順になる。「わたしたちがどこに行くのか」はwhere we are goingで表せ

る。文全体が過去なので，疑問詞のあとの動詞も過去形にしてwhere we were goingとなる。

2 ②「（人）に…を言う（伝える）」は，＜tell＋人＋…＞で表せる。日本語が「わたしは彼女に…を言いました。」なので I told her ….となる。③「（人）に…を示す」は，＜show＋人＋…＞で表す。日本語が「そのニュースはわたしたちに…を示しています。」なので，The news shows us ….となる。'…'の部分に「～だということ」という意味のまとまりを入れるときは，＜that＋主語＋動詞～＞で表す。

P.123 リピートプリント ㊽

1 ①イ　②ウ　③ウ　④ア

2 ① show/was　② I/wasn't　③ why/was ④ how/study

解説

1 和訳例①山本先生はわたしたちにどこに行くのかを言いました。②わたしの妹（姉）はわたしにどのようにしてパンケーキをつくるのかを見せてくれました。③彼〔彼女，それ〕らはわたしたちになぜそれが重要なのかを見せてくれます。④わたしは彼にわたしは悲しいと言いました。

STEP 25 │ 基本五文型　(P.124～127)

P.125 単語力UP

① gave　② bought　③ showed　④ made

P.126 リピートプリント ㊾

1 ① I run very fast.

② You are a doctor.

③ They named the dog Pochi.

2 ① I swim very fast.

② You are a student.

③ He reads a book.

④ Kumi gave him a present.

⑤ We call her Emi.

解説

1 ①very fastは修飾語。和訳例①わたしはとても速く走ります。②あなたは医者です。③彼〔彼女〕らはその犬をポチと名づけました。

P.127 リピートプリント ㊿

1 ① to you　② to Emi　③ for her

---

④ for Mike

2 ① a notebook ② him / some flowers
③ you / English ④ my picture

解説

1 ③④buy, makeはforを使う。

2 和訳例①わたしはノートを持っています。②わたしは彼に何本かの花をあげました。③わたしはあなた(たち)に英語を教えました。④わたしは彼女にわたしの写真〔絵〕を見せました。

STEP 26 連語(1) (P.128～129)

P.129 リピートプリント (51)

1 ① for ② of ③ at ④ in ⑤ to ⑥ of

2 ① go on ② waited for ③ ran away
④ is over

解説

1 和訳例①学校に遅れてはいけません。②彼はへびをこわがっています。③彼女は駅に着きました。④ケンは美術に興味があります。⑤ 音楽を聞きましょう。⑥わたしはピアノをひくのが好きです。

STEP 27 連語(2) (P.130～131)

P.131 リピートプリント (52)

1 ① over ② of ③ last ④ of ⑤ of ⑥ to

2 ① You had better wait here.
② He plays baseball after school.
③ They left at once.
④ Would you like a cup of coffee?

解説

1 和訳例①彼女は日本じゅうで人気があります。②わたしの叔父はたくさんの英語の本を持っています。③ついにわたしはわたしの時計を見つけました。④わたしに水を1杯ください。⑤彼は食糧をたくさん買いました。⑥わたしは紅茶を飲みたい。

確認テスト 5 (P.132～135)

1 ① for ② for ③ to ④ of ⑤ was
⑥ could ⑦ swimming ⑧ Did

2 ① ウ ② イ ③ エ ④ ア

3 ① I am too tired to work.
② Mike was too busy to wash the car.
③ I am so tired that I cannot〔can't〕 cook dinner.
④ She was so hungry that she couldn't swim.

4 ① passed ② calls her ③ teaches / to
④ who〔that〕 lives

5 ① to you ② to her ③ for him
④ for Emi

6 ① I told them that he was honest.
② We told him that the news was important.
③ This book showed us that English was interesting.

7 ① He runs.
② He gives some flowers to her.
③ He called her Kumi.

8 ① My mother showed me how to make a cake.
② I knew that she was busy.
③ He gave her a present.
〔He gave a present to her.〕

解説

3 ③現在の文なのでcannot〔can't〕がくる。④過去の文なのでcouldn'tがくる。

4 ④関係代名詞主格で先行詞はthe boy。

5 ③④buy, makeの場合はforを使う。

6 ①②③時制の一致。主節が過去になると従属節も過去になる。

7 ②SVOOの文なら，He gives her some flowers. になる。